通用管理能力认证指定培训教材

资源与运营管理

（第三版）

（上册）

(英) 卡伦·霍勒姆斯（Karen Holems）
科里恩·里奇（Corinne Leech） 等著

天向互动教育中心 编译

清华大学出版社

中央广播电视大学出版社

北京

资源与运营管理（第三版）（上册）

图书在版编目（CIP）数据

资源与运营管理. 上册/(英)卡伦·霍勒姆斯(Karen Holems)等著；天向互动教育中心编译. —3 版. —北京：清华大学出版社，2016（2020.5重印）
ISBN 978-7-302-44673-6

Ⅰ. ①资…　Ⅱ. ①卡…　②天…　Ⅲ. ①企业管理　Ⅵ. ①F270

中国版本图书馆 CIP 数据核字（2016）第 181000 号

责任编辑：刘志彬
封面设计：汉风唐韵
责任校对：王荣静
责任印制：宋　林
出版发行：清华大学出版社
网　址：http://www.tup.com.cn，http://www.wqbook.com
地　址：北京清华大学学研大厦 A 座　　邮　编：100084
社 总 机：010-62770175　　邮　购：010-62786544
投稿与读者服务：010-62776969，c-service@tup.tsinghua.edu.cn
质 量 反 馈：010-62772015，zhiliang@tup.tsinghua.edu.cn
中央广播电视大学出版社　　地　址：北京西四环中路 45 号
印 装 者：三河市铭诚印务有限公司
经　销：全国新华书店
开　本：185mm×230mm　　**印　张：**15.25　　**字　数：**233 千字
版　次：2003 年 12 月第 1 版　2016 年 8 月第 3 版　　**印　次：**2020 年 5 月第 14 次印刷
定　价：32.00 元

产品编号：070220-01

序　谈谈通用管理能力

培训创造机会、能力改变命运。能力培养和训练的重要性，现在无论怎么强调也不过分，而且已经成了吾国、吾土、吾官、吾民之共识。

今天更重要的问题反倒是：我们需要培训什么？学习什么？增长什么样的才干？获得什么样的能力？如果选准方向，则事半功倍，反之则有可能事倍而功半。

作为对这个问题的回答，1998 年，中华人民共和国劳动和社会保障部（2008 年与中华人民共和国人事部整合为中华人民共和国人力资源和社会保障部）部级课题“国家技能振兴战略”[①]首次把人的能力分成了三个层次：职业特定能力、行业通用能力和核心能力。

如下图所示，在每一个具体的职业、工种和岗位上，都会存在一定数量的特定能力。从总量上看，它们是最大的，但是从适用范围看，它们又是最狭窄的。对每一个领域或行业来说，都存在着一定数量的通用能力。从数量看，它们比职业特定能力显然少得多，但是它们的适用范围涵盖整个行业领域。而就更大范围而言，还存在着少量从事任何职业或行业工作都需要的、具有普遍适用性的技能，这就是核心能力。

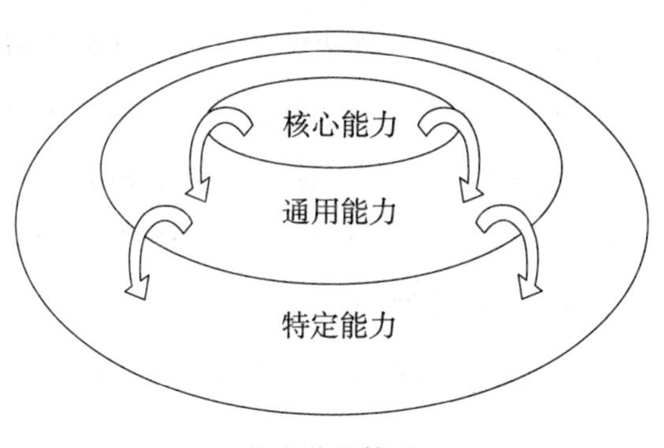

能力分层体系

① 中华人民共和国劳动和社会保障部部级课题“国家技能振兴战略”于 1998 年 9 月 28 日通过部级评审鉴定。该课题主报告未正式出版，其主要内容可见陈宇所著的《走向世界技能强国》（中国长城出版社，2001 年出版）中的同名文章。

长期以来，我国职业教育培训活动和职业资格认证制度把工作重心集中于职业特定能力，为数以百计的职业（或工种）制定了国家标准，在近千个职业（或工种）领域开展了职业技能鉴定工作。这些工作对于推进我国职业教育培训和职业资格认证制度建设有重大影响和意义。但是，在过去一段时间里，整个社会对通用能力与核心能力有所忽视。

实际上，通用能力与核心能力的应用范围，要远宽于职业特定能力，它们是相同或相近职业群中体现出来的、具有共性的技能和知识要求。因此，它们往往是人们职业生涯中更重要的、最基本的技能，也具有更普遍的适用性和更广泛的迁移性。开发和培育劳动者（或后备劳动者）的通用能力与核心能力，能为他们提供更广泛的终身从业和终身发展的能力基础，其影响和意义极其深远。

近年来，我国在核心能力和通用能力的研究和开发方面取得了可喜的成果。通用管理能力的推出，是我国在核心能力的研究和开发取得重要成果后，在分层次能力研究和开发方面取得的又一个重要突破。

管理领域的特征和共性鲜明，人们对管理人才和管理能力的社会需求又特别强烈。因此，选择管理领域作为开发通用能力的试验场所是非常适当的。

管理领域已经有了很多的职业特定能力的标准、考试和证书，如营销师、会计师、统计师、物业管理师、人力资源管理师、企业信息管理师等。然而，在管理领域有没有超越这些具体的特定知识和技能的通用性知识和技能呢？有没有一切管理者都应当共同具备的能力和才干呢？答案显然是肯定的。2002 年，中华人民共和国就业培训技术指导中心、劳动和社会保障部职业技能鉴定中心组织各界专家力量[②]，参照国外先进标准[③]，制定了我国第一个通用管理能力标准，把通用管理能力归纳成四种主要功能模块（自我发展管理、团

② 许多专家和专家组织为这项工作的开展作出了努力，特别是北京天向互动教育中心作为通用管理能力开发的主要技术支持单位作出了重要贡献。

③ 我国通用管理能力的开发，借鉴了国外的先进理念、技术和方法，特别是新闻集团 TSL 教育公司为本项目提供了重要的资源帮助。

队建设管理、资源使用管理、运营绩效管理）和两个层次（基础级和综合级）。现在，用于通用管理能力培训和认证的第一批教材和课程已经开发成功，正式面世。关于通用管理能力的评估、考核和测试的工作也在积极准备中。这是一个开创性的尝试，是非常有意义的理论和实践创新。

众所周知，通用管理能力的概念，在全球范围内提出的时间并不长。尽管各国都在进行相关研究，但是，在通用管理能力的内涵、范围、种类和影响等一系列基础性问题上，现在还没有完全统一的意见。况且管理本身既是严谨的科学，又是迷人的艺术：作为科学，它有自身的规范；作为艺术，它又无常法可循。无疑，我们今天提出的标准、编撰的教材、开发的课程都需要经受检验，都将不断改进、不断发展。实践是检验真理的唯一标准。中国的通用管理能力的培训认证只能走和中国管理实践活动紧密结合的道路，它的成功与否也将唯一地取决于中国的管理实践。

坚冰已经消融，道路已经开通。中国的通用管理能力开发已经迈出了自己坚实的第一步。我们相信它将为我国管理人才的培养、企业效率的增长以及整个国民素质的提高作出自己独特的贡献。

陈　宇　教授

原中国就业培训技术指导中心主任

原劳动和社会保障部职业技能鉴定中心主任

前　言

一、项目介绍

在现代社会，个人的综合能力和素质是一个人职业生涯发展的基石，决定其一生成就的高低。为了适应现代社会高效率、多元化的特点，从业者的职业生涯发展需要从强调单纯的工作技能，即“一专”，转变为全面提升个人的综合能力素质，即“多能”。这个“多能”，必须能通用于不同职业，必须能适应现代社会从业者面对的多变的社会环境和频繁的工作变换。通用管理能力，作为一种超越于某个具体职业与行业（如市场营销、人力资源等）特定知识和技能的，在不同职业群体中体现出来的，具有共性的管理技能和管理知识，由此应运而生，并日益受到社会的重视。具备通用管理能力的通用型人才，也日益为国内外企事业单位所青睐。

在职业活动中，具备通用管理能力的人才必须能够有效地设计达到目标的步骤，有效地规划自我活动和团队活动，有效地控制自我行为与调控团队行为，有效地组织和调动各类可控资源，有效地与团队一起成长并带领团队腾飞。无论你是普通职员，还是经验丰富的职业经理人；无论你埋头于具体事务，还是在政府或大型企业中使用和调动各种资源，都需要具备一定的管理知识和管理能力，掌握一定的管理技能和管理方法，并结合自身专业能力的不断提升，来实现个人的职业发展。

2002 年，由中华人民共和国劳动和社会保障部（2008 年与中华人民共和国人事部整合为中华人民共和国人力资源和社会保障部）职业技能鉴定中心组织、天向互动教育中心从全球最具影响力的新闻集团 TSL 教育公司引进并整合开发的通用管理能力课程体系，便是这样一个适应现代社会职业发展与人才培养需求的有效工具。

该课程体系融合西方最先进的管理理念，经过众多著名跨国公司的管理实践而得以改进与完善，为大量国外一流公司和大学所采用，是打造应用型职业经理人和增强职场竞争力的最有效工具。在保留原课程体系精粹的基础上，国内数十位管理学专家、学者与一线管理人员对原课程进行了精心的本土化改造。改造后的课程体系充分考虑了中国的管理实情与需求，是中国管理界迄今为止最为系统、最具实践指导意义的管理培训课程。同时，它采用了国际上先进的互动式、情景式、案例式和训练式的教学方法，真正实现了理念先进性和操作实用性的完美结合。

在此基础上，中华人民共和国劳动和社会保障部职业技能鉴定中心出台了国内第一个以管理能力水平为导向的从业者管理技能标准，正式将通用管理能力纳入管理培训认证体系。这套认证体系的推出，为我国各行业的广大从业者和准就业人群提供了一个全面学习基础管理知识和技能、提高职业素质和就业能力的机会，以使他们能够成为国家行业发展中所需要的具有通用管理能力的人才，有助于提升中国企事业单位管理层的管理能力与管理素质，培养并发展中国的高素质职业管理团队。

在本课程体系的编译过程中，中华人民共和国劳动和社会保障部职业技能鉴定中心、中央广播电视大学（于 2012 年 7 月 31 日正式更名为“国家开放大学”）、中央广播电视大学出版社、清华大学出版社、天向互动教育中心和通用管理能力教材编审委员会的人员付出了大量的心血，许多国内外管理教育学者、专家人士给予的悉心指导和热情帮助，限于篇幅，不能一一列出。在此，我们谨对所有关心和支持通用管理能力课程体系的各界人士表示由衷的感谢！

二、认证体系

中华人民共和国人力资源和社会保障部职业技能鉴定中心于 2013 年 7 月将通用管理能力级别设置调整为四级、三级、二级、一级四个级别。通用管理能力四级对应原基础级“个人与团队管理”证书，通用管理能力三级对应原基础级“资源与运营管理”证书，以上两个级别主要针对中职、高职、高专院校的学生及企业员工、基层管理人员；通用管理能力二级对应原综合级证书，主要针对本科院校的学生及企业中层管理人员；通用管理能力一级主要针对企业高层管理人员。

在通用管理能力培训认证中，通用管理能力四级的教材《个人与团队管理》（第三版）（上册、下册），内容侧重于自我发展管理和团队建设管理两个主题，学习完对应课程并通过考试者，可以获得通用管理能力四级证书；通用管理能力三级的教材《资源与运营管理》（第三版）（上册、下册），内容侧重于资源使用管理和运营绩效管理两个主题，学习完对应课程并通过考试者，可获得通用管理能力三级证书； 通用管理能力二级、一级的培训认证，针对自我发展管理、团队建设管理、资源使用管理、运营绩效管理四种能力，展开更为深入的学习，学习完对应课程并通过考试者，可获得通用管理能力二级、一级证书。下图对此进行了具体说明：

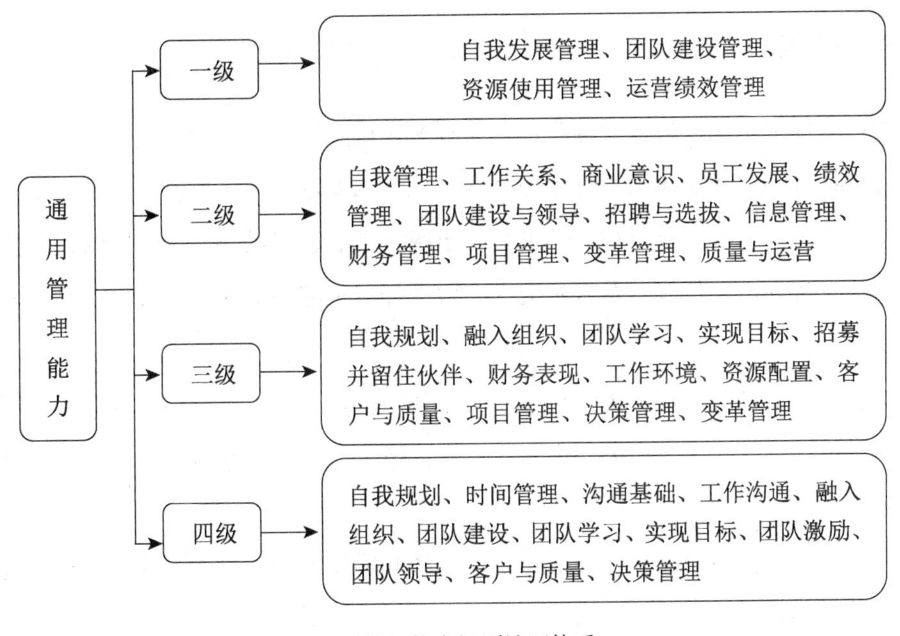

通用管理能力级别认证体系

通用管理能力项目采取全国统一考核认证方式。通用管理能力四级与三级鉴定各包括一个考试科目，即试卷考试，成绩不低于60分者即为合格，可获得相应的通用管理能力水平等级证书。通用管理能力二级鉴定包括试卷考试与能力测评两个考试科目，成绩不低于60分者意味着相应考试科目考核合格，两个科目都通过者可获得通用管理能力二级证书。通用管理能力一级鉴定包括试卷考试、能力测评与综合评审三个考试科目，成绩不低于60分者意味着相应考试科目考核合格，三个考试科目都通过者可获得通用管理能力一级证书。证书在全国通用，并可在网上检索查询。

通用管理能力认证可以为毕业生提供全面的就业帮助和职业指导，提升毕业生的就业竞争力，符合国家倡导的"双证并轨"新型教育模式。可以说，通用管理能力认证体系就是专为这种新型教育模式而设置的。能力改变命运，获得良好的职业培训并取得认证，无疑可为学生未来的职业发展打开一扇大门，通用管理能力证书就是开启这扇大门的钥匙。

三、内容结构

通用管理能力三级教材《资源与运营管理》（第三版）（上册、下册）是根据《通用管理能力认证标准》和《通用管理能力教学大纲》的要求编写而成的，上册由清华大学出版社出版，下册由中央广播电视大学出版社出版。本套教材的特点是：能够使学生系统地掌握实用的管理知识和技能，并有机会在实践中加以练习与运用，将知识、技能和能力科学地衔接起来。

在第二版教材的基础上，第三版教材做了如下改进：第一，重新梳理了内容，优化了知识结构；第二，加入了"道德与素养"元素；第三，更新了案例；第四，编号体例更符合国家标准。

本书是《资源与运营管理》的上册，由招募并留住伙伴、财务表现、工作环境、资源配置四个学习单元组成。

我们都知道企业发展的基础是人力资源，人力资源管理是管理者必须掌握的技能。为企业挑选合适的人才、保证工作岗位的人员充足和使自己员工的能力得到更好发挥是招募并留住伙伴这一单元所讲述的内容。本单元以一个新员工如何进入企业的全过程为例，按“招聘前的准备—面试和甄选—新员工的就职安排—新员工的发展”这条主线安排内容。这些内容都是管理者所必须具备的基本知识。通过本单元的学习，管理者能够掌握人力资源招聘中各种技巧和方法，提高选拔和管理人力资源的能力。

正确的财务预算和分析能够降低组织的成本，减少资源浪费。管理者应该具备基础的和关键的财务知识。财务表现这一单元讲述了财务管理方面的基本概念和基础知识，包括成本、预算和财务分析等。通过这些知识的学习，管理者能够阅读和使用工作中用到的各种基本财务报表，合理进行财务预算，从而作出更加科学有效的决策。

重视职工的工作环境，将会减少公司遭受损失的机会，减少由于事故和风险对企业资源和员工造成的负面影响。管理者必须理解保证员工健康和安全的重要性，必须了解国家有关员工健康和安全生产的法律法规并能够将其应用到实际的工作当中去。工作环境这一单元即讨论此方面的问题，主要内容包括安全和健康观念、法律规定及实际操作中的问题。通过本单元的学习，提高管理者判断事故、评估风险的能力，有效避免工作中可能遇到的风险，提高资源使用的效率。

资源配置是资源使用管理的核心。任何一个社会实体要想生存和发展下去，必须具有人、财、物三个基本的条件，而如何配置好这些资源将是其中的重中之重。只有把人力、物力、财力进行合理的配置和使用才能使资源运用效果最大化。资源配置这一单元的内容即包括资源管理、资源计划、组织资源和资源控制。

四、资源特点

本课程的教学资源包括：文字教材、视频教材、期末复习指导及形成性考核和远程学习资源。

文字教材是本课程的主要教学媒体，学习者学习的主要内容来源于文字教材。文字教材内容充实，既有一般阐述，又有案例引导，还有训练和练习，可读性强，兼有知识性和实用性。文字教材中引用的一些案例对学习者学习和理解课程内容有很大的帮助。

视频教材是本课程多媒体教学资源的重要组成部分。视频教材和文字教材既相互联系，又互为补充。专题的内容基于文字教材，但又突破了文字教材的局限，有助于学习者开拓思路。

本课程还设计了期末复习指导及形成性考核用于指导学习者自主学习。内容包括学习方法、学习步骤、练习题、模拟题和大作业的样题分析，以帮助学习者尽快了解本课程的主要内容，有的放矢地进行学习，从而获得最佳的学习效果。

此外，本课程在“电大在线”上设置了视频专区，学习者可以在互联网上直接观看一些教学录像。同时，本课程还设置了网上讨论区，不管是教师还是学习者都可以在讨论区发言、讨论，进行学习交流。

五、学习导航

本课程体系的最大特色是提供了大量的应用指导和练习，这些内容有助于学习者将管理的概念和知识应用于实践。

本课程中的训练活动多种多样、形式各异。有些训练活动以日常工作为基础，需要学习者将理论应用到实际工作中去；还有一些训练活动要求学习者将管理概念应用到案例研究中去；另外一些训练活动则要求学习者对新概念加以思考，检查自己对新概念的理解是否正确，或者对这些新概念应用于具体环境时的可行性加以评估。这些活动还将为学习者提供在“安全环境”（培训模拟环境）中应用各种管理技术的宝贵机会。

考虑到本课程体系自身的特点，为了让学习者快速地掌握整套书的结构和内容，我们专门设置了学习导航，指导学习者阅读和学习。

前　　言：概括了本书的篇章结构、内容顺序及相互之间的联系，帮助学习者掌握全书的知识脉络。

单元简介：概括每一单元的主要内容，并用框架图的形式展现每一单元的知识结构。

学习目标：列在每章的最前面，指明该章中的知识和需要掌握的程度。

学习指南：指导学习者了解每章的主要内容。

关键术语：提示每章的关键点，帮助学习者把握学习重点。

正　　文：按照学习目标，展开关于理论、方法、技巧等知识的详细论述。

步骤与方法：针对重要的知识点，给出在日常管理活动中常用的工具、方法和技术手段。

道德与素养：对工作中所涉及的道德与素养知识给出一般性的介绍。

训练与练习：紧密结合上下文的知识点，通过思考及训练，解决实际问题，帮助学习者进一步理解并掌握书中的内容。

案例与讨论：给出与正文内容相关的案例，引导学习者进行讨论，然后解决案例中的实际问题，并给出指导和总结。

评测与评估：针对知识点进行评测，一般以选择题的方式进行。这种评测可以帮助学习者在学习中对自己的能力进行评估。

本章小结：对每个章节的内容进行回顾，强调知识点中的重点和难点。

思考与练习：学完每一章的内容后，学习者可以验证自己对知识点的理解程度，找出没有理解的知识点，以便更好地掌握所学知识。

单元测试（包括大作业）：按单元进行自我测试，可以帮助学习者对学习效果做出一个初步的判断，以便进行下一步的学习。

学习网站：http://www.gmpchina.org、http://www.open.edu.cn 和 http://www.openedu.com.cn。

通用管理能力教材编审委员会

2016 年 4 月

目　录

第Ⅰ单元　招募并留住伙伴

决定企业未来发展最关键的因素是什么？吸引人才，留住人才——这是一个非常务实的答案。在企业的发展过程中，人才无疑是最根本的资源。如何为企业选择合适的员工，并通过给他们创造各种机会和条件使其能够安心工作，这是现代企业管理必须重视的一个问题。如果你是一个企业的管理者，你将如何吸引人才，如何选择适合自己企业发展的人才，如何留住有用的人才呢？

在本单元，你将有机会认真思考这些问题，例如企业招聘的一般流程是怎样的，招聘过程中的相关法律规定有哪些，如何建立工作描述和人员规范，如何对应聘者进行测评；面试的准备工作有什么，在面试中应该注意哪些问题；如何设计员工就职安排；如何为新员工安排合适的指导伙伴；如何让新员工安心工作；如何处理好新老员工之间的关系，等等。本单元结束时，你将掌握如何为企业吸引人才和如何成功地留住有用人才。

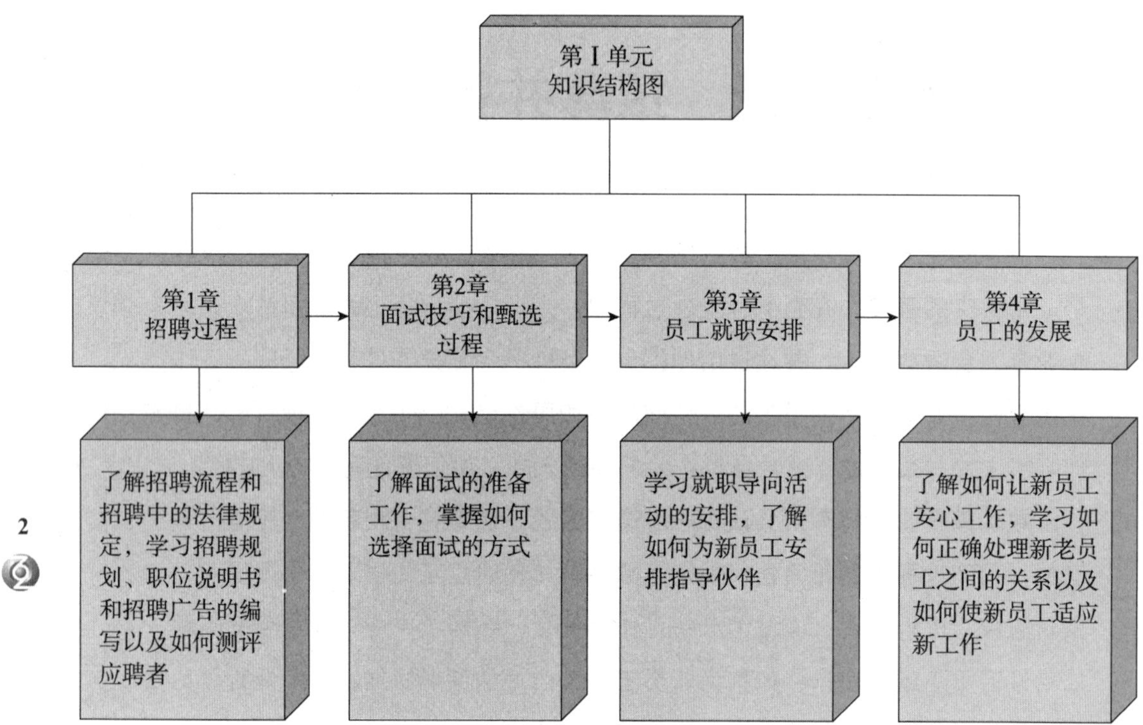
第Ⅰ单元
知识结构图
第1章
招聘过程
第2章
面试技巧和甄选过程
第3章
员工就职安排
第4章
员工的发展
了解招聘流程和招聘中的法律规定，学习招聘规划、职位说明书和招聘广告的编写以及如何测评应聘者
了解面试的准备工作，掌握如何选择面试的方式
学习就职导向活动的安排，了解如何为新员工安排指导伙伴
了解如何让新员工安心工作，学习如何正确处理新老员工之间的关系以及如何使新员工适应新工作

第1章 招聘过程

学习目标

1. 了解招聘的相关法律和招聘流程的各个阶段
2. 了解招聘规划的步骤
3. 了解测试应聘者和网络招聘的注意事项
4. 掌握招聘流程中办事公道的基本原则
5. 掌握招聘广告的撰写与发布
6. 重点掌握职位说明书的主要内容

学习指南

人是企业发展中最重要的资源。如何找到合适的人并且为他们的工作创造各种有利条件是企业发展过程中必须解决的问题。总体来讲，招聘和留住员工是企业人力资源管理部门的专门工作，但是作为团队领导，秉承办事公道的原则参与到这个过程中也非常重要。团队领导必须在招聘过程中发挥关键作用，包括：向主管经理建议本部门正常运行所需的员工数目；向主管经理和人力资源部门建议所需人员的类型以及技能、知识、资格和经历的要求；帮助准备招聘资料，如广告和招聘简章；帮助决定应聘者名单；参加面试并帮助选出恰当人选。本章将详细讨论这些任务。

关键术语

招聘　招聘规划　职位说明书　招聘广告　网络招聘

1.1　招聘概述

1.1.1　招聘中的法律规定

在招聘过程中，必须保证整个过程符合法律规定且遵循公平公正的原则。无论是草拟职位说明书，还是发布空缺职位的招聘广告，或者在面试时提问以及做出决定，所有的过程都需要非常小心，如果不了解与招聘相关的法律，极有可能在无意中触犯法律。实施和参与招聘的人员并不需要成为一名法律问题方面的专家，但是必须了解某些基本规定，以免自己的言行或决定无意中触犯法律。

首先是歧视问题。招聘中的歧视包括：种族歧视、性别歧视和残疾歧视，这些都是被禁止的。我国实行的《劳动法》（1995）中规定，劳动者就业不因民族、种族、性别宗教信仰不同而受歧视；男女有平等就业权利；残疾人、少数民族人员、退出现役军人的就业，法律、法规有特别规定的，从其规定。这是世界范围内的惯例，例如英国的《种族关系法令》（1976）、《残疾歧视法令》（1996）、美国《反就业歧视法案》（2014）等均有此规定。

其次是在招聘过程中需要保护就业者的合法权益。我国的《劳动合同法》（2008）规定：在招用劳动者时应当订立合同、告知工作条件、约定报酬；不得扣押身份证或者其他证件、不得要求担保金等名义的财物。

最后是保护童工。童工问题依旧是世界范围内的严重问题，国际劳工组织在2002年设立了世界无童工日，呼吁各国关注并采取有效的措施解决这一问题。我国的《劳动法》（1995）中规定，禁止用人单位招用未满十六周岁的未成年人（文艺、体育和特殊工艺单位招用未满十六周岁的未成年人，必须依照国家有关规定履行审批手续，并保障其接受义务教育的权利）。

国外关于反对招聘中歧视的规定非常严格，这一点值得我们借鉴，下面的案例与讨论提供了几个具体的例子，有助于读者更加重视这方面的问题。

案例与讨论 招聘中的歧视

案例一：

胡经理就本团队的一个空缺职位面试了4位女性和1位男性。其中，唯一的这位男士与其中一位女性无论条件、经验还是能力方面都相差无几。胡经理最终选择了那位男性，她的理由是“他将活跃部门的气氛（因为目前部门中大多数员工是女性）”。

案例二：

在为某一职位确定最后应聘者名单的时候，吴经理将所有出生地不在北京的职位申请人都排除在外，他希望团队中的人能够来自同样的地方。

案例三：

一位职位候选人坐着轮椅来参加面试。面试负责人韦经理的办公室就在第一层，因此不存在轮椅的通道问题，但是所要招聘的人员需要在第二层的办公室办公，而电梯在第二层不停。所以，韦经理认为这位残疾人不是这项工作的合适人选。

问题：

思考以上案例，想一想这些行为会引起什么样的问题？是否违反了法律规定？

总结：

你的答案可能与下列回答很相似：

胡经理选择这位男性并没有恰当的理由，她只是想调剂办公室气氛。如果她无法证明这位男性比其他人更适合这项工作，那么其他女性可以控告她性别歧视。

吴经理做出决定的假设是：出生于同一地区的人能够更加团结，这种假设本身就是不合理的，他很可能被控告地域歧视。

尽管安排一位轮椅应聘者工作可能有些难度，但并不是完全不可能。如果这位职位申请人就是这项工作最恰当的人选，韦经理就应该选择他，并对工作环境做相应的调整，例如，她可以将其办公室安排在一楼。

这几个案例虽然比较特殊，但还是具有一定的代表性。目前在我们国家，对于招聘中歧视问题的强调比较少，但这个问题值得引起大家的注意，在招聘过程中，必须保证依法行事。

1.1.2　招聘流程

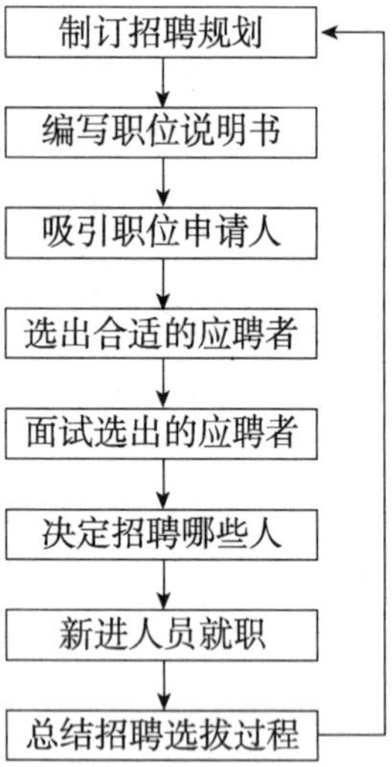

制订招聘规划
编写职位说明书
吸引职位申请人
选出合适的应聘者
面试选出的应聘者
决定招聘哪些人
新进人员就职
总结招聘选拔过程

图 1-1　招聘过程流程

不管在招聘和选拔工作中具体承担什么责任，都需要完整地了解该过程，需要知道该过程的每个阶段都涉及什么任务。通过下面的介绍，你可以对招聘的整个过程更加了解。

图 1-1 的“招聘过程流程”显示了一个完整的招聘过程：从制订招聘规划开始，到总结招聘选拔过程，再回到制订招聘规划。你需要确保在恰当的时间成功地招聘到合适人选，这需要对整个过程进行监控。一旦出现问题，就可以马上做出相应的调整，这是相当重要的。

在整个招聘过程中，公司要始终坚持办事公道、行为合法的原则。其中，办事公道一方面表现为对所有应聘者平等对待、一视同仁，无论其贵贱高低，都提供优质服务，待之以礼；另一方面表现为在职业活动中处理问题时公平、公正、公开。

1.2　招聘规划

有些时候，企业有可能会出现一些空缺职位，但却无法从组织内部挑选到合适的人来填补。在这种情况下，一些企业可能不在事先做任何打算，而是等到一旦这类职位空缺出现之后，才想办法找人来填补它。事实上，对于大企业和那些管理人员来说，做适当的招聘规划是十分必要的。

步骤与方法　确定招聘规划的步骤

○　第一步：确定招聘的人数和岗位

团队所需的员工数目取决于多个因素，最重要的因素可能是费用。某个团队应该有多少员工，一般由公司整体战略决定。但是，团队领导在这方面的意见非常关键，因为他们对团队的工作和运行情况最了解，他们最清楚需要多少员工才能够保证完成团队的任务。

○ 第二步：选择招聘的方式和渠道

招聘的方式和渠道有许多，常见的有：（1）猎头公司；（2）报纸广告；（3）互联网；（4）员工推荐。

○ 第三步：确定招聘时间

例如：校园招聘、秋季招聘、人事机关规定的时间，等等。

○ 第四步：发布招聘信息

公司可以通过各种媒体平台来发布招聘信息，例如招聘会、报纸、政府网站、公司主页、散发传单等（详见本章 1.4 阐述）。

○ 第五步：制定招聘预算

制定招聘预算包括：招聘广告预算、招聘测试预算、有关差旅预算、中介服务预算、文件与办公用品预算、人工成本预算，等等。

训练与练习 思考招聘人数的问题

问题：

为了保持团队和部门有效工作，你需要招聘多少员工？你能向高级管理部门提供什么信息？他们需要了解什么？

总结：

当公司需要招聘员工时，高级管理部门可能需要你提供如下信息：

（1）团队工作的紧张程度；

（2）保持工作效率和服务水平面临的问题；

（3）工作模式和从事项目的变化，可能意味着需要更多的人员（即便是短期）；

（4）维持工作效率需要如何调整轮班制度。

主管经理要利用你所提供的这些信息来评估公司（或部门）的整体需求。由于招聘和培训员工都要花去大量的时间，因此公司的人力资源政策是：

（1）比较雇员人数标准与企业目标。如果公司计划扩展，那就需要招聘更多的人；

（2）在付出和所得之间适当地平衡。如需要保证一定的服务标准，就必须增加员工数量；

（3）调查劳动力供应情况以了解有多少人可满足公司的需求；

（4）研究技术的使用对所需的员工数目会造成何种影响。

另外，如果发现本部门人手短缺，团队工作无法达到所规定的标准时，就要立即向主管经理汇报。如果不能及时处理的话，团队成员疲于满足客户的需求，那么产品和服务的质量就会受到影响，同时也将影响公司的整体运营效率。

1.3 职位说明书

当你去一家公司面试人力资源相关职位的时候，也许你会问面试官这样一个问题："贵公司各岗位设置有职位说明书吗？"回答"有"的话，最起码该公司还是有基本的人力资源管理流程的；若是没有，说明该公司人力资源部门的职能工作在一定程度上还不到位。为什么这么说呢？因为职位说明书是人力资源管理所有职能工作的前提和基础，只有做好了此项工作，才能有效完成具体的现代人力资源管理工作，才能有助于人力资源规划的编制，才能有助于员工的目标管理和绩效评估。

职位说明书的编写并没有一个标准化的模式，但大多数职位说明书都包括一些必备的内容：

- 职位标识：职位编号、名称、类别、所属部门、直接上级、所辖下级、制作日期等；
- 职位概要：简要说明为什么要设置这一职位，目的是什么；
- 履行职责：主要应负的责任，每一项责任的具体内容，以及要达到的目的；
- 业绩标准：业绩衡量标准，如何衡量每一项责任的完成情况；
- 工作关系：报告对象、监督对象、合作对象、外部交往、职位关系；
- 使用设备：使用的主要设备；

- ○ 工作的环境和工作条件：时间、地点（室内/室外）、噪音、危险，等等；
- ○ 任职资格：任职资格要求，具备何种条件的人适合承担这一职位；
- ○ 其他信息：主要挑战、决策和规划等。

案例与讨论 如何编写职位说明书

问题：

下面是奥美公司人事主管为将要招聘的数据处理操作主管写的一份职位说明书，仔细阅读，看该职位说明书的信息是否齐全？如果不齐全，你认为如何修改会使其更加完善？

职位说明书

工作名称	工作地位	工作代码
数据处理操作主管	不受法律条款限制	012、168
日期	**企业/分支机构**	**部门/事业部**
2007 年 3 月 3 日	奥美有限公司/中心办公室	数据处理/系统部
直接主管工作名称	**工资范围**	**职位说明书编写人**
信息系统经理	RMB2 000 ~ 3 500	张云

工作综述

指导所有的数据处理、数据控制及数据准备任务的操作。

工作职责

1）接受广泛的指导

独立操作

按照每周、每月或每季度的日程向信息系统经理报告自己的活动

2）甄选、培训以及指导下属人员

在工作群体成员中培养合作与相互理解的精神

（续）

确保工作群体中的成员在某些方面得到必要的特殊训练

对于生产方法的使用者进行培训

3）阅读分析各种指导材料和培训信息

4）对于5~7个下属人员的工作安排进行计划、指导和控制，同信息系统的其他管理人员、专业人员、技术人员以及其他需要数据的部门管理人员协同工作

总结：

编写职位说明书并没有一个标准化的模式，除主要内容例如职位标识、职位概要、履行职责、业绩标准、工作环境和工作条件、任职资格等以外，可根据企业具体情况加以调整，以适应企业人力资源规划的需要。

1.3.1 工作描述

工作描述是人力资源部门最重要的文件，它是关于某个职位所从事工作的目的和应该承担的责任的详细总结。工作描述必须包括下面的元素：

- 该项目工作的主要目的；
- 该项目工作的主要任务；
- 该项目工作的工作范围。

步骤与方法 招聘中的工作描述重点

在招聘中，为了保证工作描述是最新的，需要分析以下几个方面：

- 上次招聘后，该项工作是否有变化，是否需要承担新责任或新任务；
- 使用的技术是否有变化，员工是否需要掌握不同的技能；

- ○ 工作模式是否发生了变化，是否有机会实行弹性工作制度、兼职或工作分担措施；
- ○ 在不远的将来可能发生的其他变化，特别是可能对员工造成影响的变化。

案例与讨论 预料之外的变化

前不久我申请了一份工作：在一家食品厂做包装工人。招聘广告上说这是一份兼职工作，只在早晨上班，这一点很适合我，因为我正参加学位课的学习，下午需要到学校去上课。

但是，工作两个月后，主管告诉我轮班制度发生了变化，我们都必须按照早、中、晚进行轮班。我无法适应新的轮班制度，所以只好辞职。在与主管进一步交流中我得知，关于轮班制度已经讨论了将近一年时间了，只不过近来才开始确定实施。如果面试的时候就告诉我将来可能实行轮班制度，我是不会选择这份工作的。

问题：

这个案例中应聘者不满意的是什么？招聘中应该如何避免这类问题？

总结：

在招聘时，最好能够预先想到可能会有的变化，这样才不至于给自己和别人带来不必要的麻烦。

工作描述对于招聘来说非常重要，下面的练习可以帮助你思考应该如何做工作描述，通过这个练习，你将提高自己撰写工作描述的能力。

训练与练习 工作描述

问题：

（1）填写表 1-1，为自己的工作写工作描述。

表 1-1 工作描述表

项 目	描 述
该项工作的主要目的（用一句话描述）	
该项工作的主要任务（描述时使用动词开头，如“撰写”“负责”“承担”等）	
该项工作的范围（详细介绍所管理的人员数目、向谁汇报、所承担责任的等级等）	

（2）写下你认为应该包含在工作描述中的其他内容。例如，在不远的将来，部门是否可能发生变化，哪些变化将影响你对该项工作的描述？

总结：

一份准确的工作描述是建立人员规范的基础。你需要在招聘前对招聘职位进行认真的分析，写出完整和准确的工作描述。

1.3.2 人员规范

人员规范是用来描述从事一项工作的理想人选应该具备的基本（或必要的）技能、能力和知识。

设定的人员规范要与该项工作的需求密切相关，这是非常重要的。如果将人员规范定得过高，所聘用的人可能会以为该项工作有很高的挑战性，一旦该项工作的挑战性不像他们预计的那样，他们就可能会因为失望而离开。同时要注意，人员规范不能在性别、残疾等问题上具有歧视倾向。

理想的人员规范应该具备以下要点：

- ○ 与该项工作直接相关的技能、知识和能力；
- ○ 应聘者应具备的工作经验及其类型；
- ○ 与该项工作相关的个人品质或个人情况的详细信息。

如果有现成的人员规范，就需要检查这些规范是否是最新的，并且检查它是否真实反映了团队的需求：

- ○ 是否需要添置新技能、新资格或新能力；

○　是否需要用这个空缺职位来填补团队中刚好存在的技能或知识空缺。

人员规范对于招聘来说非常重要。下面的练习可以帮助你思考应该如何建立人员规范，通过这个练习，你将提高自己建立人员规范的能力。

训练与练习　人员规范

问题:

填写表 1-2，为自己的工作写出人员规范。

表 1-2　人员规范表

项　目	描　述
技能、知识和能力——应该与该项工作相关，而不仅仅是一份“有关期望的罗列”	
经验——给出该项工作要求的有关工作经验和时间等详细说明	
个人品质和情况——要确保你所说明的事项没有歧视社会的某一群体的成分	

总结:

人员规范必须给出做本项工作所需要具备的知识、能力与经验要求。你还需要思考你所建立的人员规范与该项工作现存的人员规范相比有何差异，是否把相关的所有变化都考虑进来了。

1.3.3　任职资格

加雷思·罗勃茨说过:“资格这个术语是用于描述所有与工作相关的个人品质、知识、经验、技能。”

许多公司将任职资格（技能、知识和行为）作为招聘、评估和培训员工的基础，他们认为任职资格是有效完成某项工作的前提。任职资格的内容包括:

○　决定该人选擅长该项工作的各种因素;

○　该人选能得到卓有成效的结果的品质和行为。

通过为每一个工作角色制定出相应的资格标准，在招聘过程中就可以有目的地选择最合适的人选。基于职位申请人的资格，有目的地去挑选合适的应聘者，将有助于整个挑选过程的公正和准确。这样做的话，工作和人能够实现比较好的匹配，所以就有可能挑选到最合适的人，这些人能很快投入工作并且一般来说很少会辞职。因此，从长远角度来说，这样的招聘实际上能够减少招聘开支。

在对任职资格的描述中，每一种资格都描述了为实现某一关键目标对相关人员的要求。表 1-3 是某银行客户服务人员的任务资格描述。

表 1-3　人员目标与资格对照表

关键目标	资格
为客户创造价值	○ 能够提供一流的客户服务 ○ 能够处理好与客户的关系
为公司增加利润	○ 能够提高客户的忠诚度 ○ 能够进行交叉销售（即向拥有本公司 A 产品的客户推销本公司产品）
与同事一起工作	○ 能够与团队一起开展工作 ○ 能够激励他人
卓有成效地工作	○ 有效地使用信息 ○ 熟练地使用计算机系统

每一种任职资格都有其核心行为和角色行为：

○　核心行为：描述了不管从事何种工作，所有员工都应具备的行为方式；

○　角色行为：描述了某一特定级别的员工证明自己资格的方式。例如，团队领导者要比其他人（如客户服务助理）具有更为广泛的团队技能。

通过确定任职资格，就能建立准确的工作描述（见 1.3.1 的内容），在工作描述中可以概述应聘者应具备的技能、知识。在面试期间，应该有针对性地询问一些问题（在 1.5 中将进一步阐述）。如果公司已经有了基于任职资格的招聘系统，团队领导就需要向部门主管（可能是人力资源部门）或管理该系统的人咨询，这种咨询将获得更好的效果。

1.4 招聘方式和渠道

一旦制定了职位说明书，确定了工作描述、人员规范和任职资格要求，接下来要做的就是通过一定的招聘方式和渠道，公布空缺职位的信息，以吸引合适的职位申请人。

在决定要采取何种招聘方式和渠道前，首先需要思考一下公司发布空缺职位的常用方法，分析这些方法是否多样化，是否能吸引足够数量的职位申请人。招聘信息的发布方式在很大程度上取决于该项工作的级别。例如，在一些公司里，基础职位可能通过本地媒体或就业服务中心发布，然而一些高层管理职位则可能会通过在全国性的新闻媒体发布广告或通过猎头公司来寻找合适人选。

公司发布空缺职位信息的方式有许多，例如刊登招聘广告、寻找专业的猎头公司等，具体来说包括以下几种。

步骤与方法　发布空缺职位的方法

- 公司内部招聘
- 就业服务中心或职业介绍所
- 商业代理机构
- 专业猎头公司
- 全国性或本地报纸、杂志及电台等媒体
- 互联网络
- 学校就业服务处
- 口头传播

“口头传播”有时是找到恰当人选的好方法，因为通过这种途径，消息被限制在一定的范围内传播，得到消息的这些人对公司和公司的员工已经有一定的了解，可以有针对性地吸引职位申请人。但是，该方法限制了宣传的范围和职位申请人的数量，也并不是没有缺点的。

下面是一家通信公司客户服务中心的招聘广告示例。

案例与讨论　招聘广告

由于业务扩展，本公司寻求兼职客服人员。职位申请者应具备良好的电话沟通技能和客户服务技能。兼职时间为早晨（07：00～08：30）、午餐时间（12：00～13：30）、晚上（20：00～21：30）以及周末（09：00～17：00）。本工作将提供良好的工作环境和优厚的报酬，包括：

- 基本薪资（根据技能和经验的不同，薪资从15～20元/小时不等）；
- 公司产品折扣；
- 免费使用公司的体育设施；
- 就餐津贴；
- 工作场所的托儿所。

问题：

这个广告的关键信息是什么？有无歧视倾向？

参考上文中的广告形式，为你自己现在的工作岗位或团队中可能需要招聘人员的岗位写一份招聘广告，思考在广告中必须包括的信息（注意：广告中是否有歧视性语句，且广告中是否简单陈述了公司将提供公平竞争的机会）。

总结：

此广告包括了招聘中的基本信息，较好地使用了避免产生歧视的语言。

自己编写招聘广告时，也需要遵守法律，杜绝歧视语言，另外，必须根据职位说明书来完成招聘广告的撰写。

互联网的日益发展使得用尽量低的成本、在最大范围内寻找合适人才成为现实，网络招聘也成为一种新兴的招聘途径。

训练与练习　网络招聘的形式和要注意的问题

问题：

- ○ 你所在的公司现有的网络招聘形式有哪些？实际应用中这些网络招聘形式有何突出优势？
- ○ 如果你要在网络上给公司发布人才需求信息或搜索求职者信息，你会选择什么样的网络途径？你考虑的主要因素是什么？
- ○ 你所在的公司有自己的主页吗？主页上是否有本公司的招聘信息？点击率如何？点击率高或低的主要原因是什么？

总结：

- ○ 现代公司现有的网络招聘形式有：设立公司主页、开设职业招聘网站、搜索职业猎头网站、公司自己的网上招聘系统、在一些访问率较高的热门站点（诸如知名搜索引擎、免费电子邮箱、个人主页、综合资讯娱乐服务网站等）上宣传公司形象并吸引人才。
- ○ 企业在选择专业招聘网站时要注意以下问题：
  - ○ 招聘网站覆盖全国许多大中城市，会有很大的传播面；
  - ○ 招聘网站的点击率高，“人气旺”；
  - ○ 招聘网站的数据库越大，企业可供选择的对象也就越多，成功率也就越高。

为了吸引求职者登录公司的网站，公司应该不断更新网站内容，并且应该在网站上设立招聘专区。

1.5　选择应聘者

在制订了招聘规划、编写了职位说明书、吸引了足够数量的职位申请人后，公司要开

始对所有的申请人进行筛选，从中选出合适的应聘者，通知其参加面试（有关面试内容请参见第 2 章）。

1.5.1 筛选申请人

在制定了工作描述、人员规范和任职资格（参见 1.3）后，根据一定的选择标准，就可以在所有的职位申请人中选出哪些人可以参加面试。

在决定参加面试的应聘者名单时，有两种可供选择的标准：

○ 基本标准：应聘者必须具备这些技能、知识、能力或经验，才能够正常完成工作；

○ 优先标准：如果应聘者具备了这些技能、知识、能力或经验，对开展工作是非常有帮助的，但是没有这些能力也能正常完成工作。

这两条标准是非常有用的，因为：

○ 依照标准，公司能够缩小选择范围，避免选择了并不适合该职位的人进入面试；

○ 能够快速、公正地选出最终应聘者。如果申请人数量很多，开始时可以只考虑那些具备所有基本标准的人，然后继续考察其中满足大多数优先标准的人。

你可以通过下面的练习思考招聘中选择应聘者的标准。

训练与练习 招聘的标准

问题：

根据你所在团队可能需要招聘的职位，确定在筛选职位申请人的时候应该采用的标准。你认为哪些标准是基本的，哪些是优先的？表 1-4 是招聘标准表。

表 1-4 招聘标准表

基本标准	优先标准
（1） （2） （3） （4） （5） ……	（1） （2） （3） ……

总结：

你所描述的标准应取决于不同岗位的不同要求。例如，表 1-5 是一家园艺中心筛选服务助理职位的申请人时所选择的基本标准和优先标准。

表 1-5 招聘服务助理的标准

基本标准	优先标准
（1）在客户服务方面至少有 1 年的经验； （2）高中或以上的文化程度； （3）身体健康，能够搬运重物； （4）具备团队工作技能； （5）能够在周末工作	（1）具有零售经验； （2）在礼仪或园艺方面有一定的知识或经验； （3）具备处理客户咨询和投诉的经验

1.5.2 测试申请人

有些公司在挑选可以进入面试阶段的职位申请人时，会运用一些初步的测试方法。电话面试和评估中心也可以看作是对职位申请人的测试。首先，电话面试为公司了解这些职位申请人的基本沟通技能提供了很好的机会。然后，顺利通过第一次电话面试的职位申请人将进入评估中心。需要注意的是，评估中心并不是一个场所，而是一个过程，在该过程中雇主可以详细考察职位申请人的知识、技能和能力。

下面的案例是某航空公司招聘客户管理职员时，该公司设置的评估中心的简要内容（历时一个上午）。

案例与讨论 评估中心测试

问题：

以下是公司测评中心的测试内容，请仔细阅读，看其设计是否合理？思考如何进行改进。

○ 09：30 ~ 10：00 计算和逻辑推理测试

（续）

○ 10：00～10：30 团队活动（用以评估团队和组织技能）

○ 10：30～10：45 休息时间

○ 10：45～11：15 写作测试（用以评估读写能力）

○ 11：15～11：45 实践测试

总结：

根据测试的评分结果，便可以选择所有职位申请人中的一小部分人参加面试。

在测试职位申请人的环节中，也可以利用外部的专门机构来帮助自己进行测试，请看下面的案例。

案例与讨论 外部机构测试

我们通过一家专业的招聘公司完成了对职位申请人挑选过程的第一阶段。然后，他们开始组织评估——在这之前，这个招聘公司的人已经知道了我们需要什么类型的人才。这个公司在测试职位申请人方面经验丰富，方法很多。经过测试之后，他们把所有职位申请人的测评分数递交给我们，由我们公司的人力资源部门负责人从中选出可以参加面试的人选。

问题：

你在招聘过程中是否对职位申请人进行了初步的测试？由谁来完成这项测试工作？

总结：

你完全可以利用外部的专门机构来完成测试申请人这个环节，因为他们更专业、富有经验。要注意的是，一定要让他们知道你到底需要怎样的人才。

学习完本章的知识后，完成下面的练习，确定公司的招聘和选择过程，确定各个不同阶段分别由谁负责。这个练习将使你对公司的招聘环节更加清楚。

训练与练习　招聘过程任务与分工

问题:

填写表 1-6 以说明你所在公司的招聘过程。需要提醒的是，有些任务是由多人完成的。例如“确定团队中需要多少人”，这可能是一项涉及团队领导、部门经理、人力资源部门和高级经理的联合决议。填表的时候不要忘了自己在各个环节应该起的作用。

表 1-6　招聘任务分工表

任　务	所涉及人员的姓名和职位
制订招聘规划	
编写职位说明书	
撰写广告	
发布广告（如互联网发布）	
筛选初始申请人	
选出参加面试的应聘者	
面试应聘者	
做出最后决定	
通知应聘者有关决定及后续事宜	

总结:

做完这个训练与练习，你不仅了解了公司的整个招聘过程，而且对各个过程由谁负责也更加清楚了。这样在实际的操作中就能够做到责任明确，从而圆满完成招聘任务。

本章小结

通过本章的学习，我们知道了与招聘相关的一些法规以及招聘规划的一般流程；重点掌握了招聘规划中办事公道的基本原则和如何编写职位说明书；还了解了筛选职位申请人

的基本方法和网络招聘这种新兴的招聘形式。

思考与练习

1. 在招聘的过程当中，你可能在其中担任哪些方面的工作？
2. 一般来说，招聘的程序包括哪几个阶段？
3. 职位说明书包括哪些方面的内容？
4. 组织一般通过哪些渠道进行招聘？
5. 选择应聘者的标准分为哪些？
6. 网络招聘的方式有哪些？

第 2 章　面试技巧和甄选过程

学习目标

1. 了解如何确定合适的应聘者
2. 了解从业人员的仪表规范问题
3. 了解职场上常见的职场忌语
4. 掌握面试前的准备工作
5. 掌握面试中应该注意的问题
6. 重点掌握如何选择合适的面试方式

学习指南

招聘员工的时候，可以通过信件、申请表和电话会谈获得大量信息，但是最终还是需要通过面对面的交谈来更好地了解对方。几乎所有公司最终都会用到面试，这种方式提供给双方（雇主和潜在新员工）一个相互评估的机会。本章主要介绍面试的整个过程和面试所涉及的问题。

关键术语

面试　面试方式　会议型面试　非结构化面试　结构化面试

2.1 面试的准备工作

面试某职位的应聘者时，需要确定五件主要的事情：

○ 应聘者仪表是否规范；

○ 应聘者是否能胜任这份工作；

○ 应聘者是否决定接受这份工作；

○ 应聘者是否能与团队的其他成员和睦相处；

○ 应聘者能给团队带来什么。

在开始面试前，要确定一些事项如：面试的时间、面试的地点等。负责面试的可能是由许多人组成的面试小组或者由某个人单独负责进行，这就涉及面试的组织方式问题，这将在2.2节中重点介绍。

下面的道德与素养将讨论从业人员仪表规范问题。

道德与素养 从业人员仪表规范

问题：

想一想你所在的公司在录取应聘者时是否考虑他面试当天的仪表情况，主要从哪几个方面来考察其仪表的好坏？

总结：

从业人员的仪表会给面试官留下最直观的印象，面试官在考虑是否录用应聘者时，也会受到他面试当天的仪表的影响，规范的仪表包括如下内容。

1. 良好的仪态包括站姿、坐姿、行姿、蹲姿等多方面，正确的仪态礼仪要求做到自然舒展、充满生气、端庄稳重、和蔼可亲。

2. 仪容，通常是指人的外观、外貌。在仪容的修饰方面要注意四点事项：

其一，仪容要干净；

其二，仪容应当整洁；

其三，仪容应当卫生；

其四，仪容应当简约。

下面的案例与讨论说明了选择面试地点的失误和组织方式的不当都会导致面试出现不佳结果。

案例与讨论　面试地点和组织方式的选择

我们公司的办公地点不宽敞，甚至显得有些拥挤。整个办公场地是开放式设计的，因此基本没有单独的办公室。我们一般在会议室进行面试。

但是上次面试应聘者的时候，会议室正好用于其他活动，所以临时安排两位应聘者在隔壁的隔间进行一对一面试。这样的面试对于我们来说简直是一场噩梦，环境嘈杂、人们走来走去，尽管事先我警告团队成员不要打扰，但仍有人不断打扰我们。应聘者尽管没有表示什么，但是这对他们是不公平的，因为大家都很难将注意力集中在面试上。后来又找了个时间在会议室对这两位应聘者进行了小组的面试。

问题：

（1）这次面试的主要问题是什么，应如何避免？

（2）案例中的公司对应聘者分别进行了一对一面试和小组面试，这两种面试方式的优缺点分别是什么，该如何选择？

总结：

面试中时间、地点及一些细节问题需要非常慎重地对待，否则会极大地影响面试结果。在选择面试地点的时候需要注意以下几点：

1. 房间环境良好，要宽敞，温度要适宜，且不受干扰；
2. 实际测试中用到的设备要准备就绪；

（续）

3. 如果要向应聘者提供本公司的信息或其他文档，务必事先准备好； 4. 所有应聘者都要在同一个或类似的环境中面试，以显示公平性； 5. 根据公司的规模和参加面试的人数不同，对负责面试的人的安排也会有所不同。关于一对一面试和小组面试的优缺点和选择，详见 2.2。

2.2 面试方式的选择

面试是主试方与被试方双方面观察、交谈的双向沟通方式，是了解应聘者素质状况、能力特征及求职应聘动机的一种人员考选技术。根据不同的划分依据，面试可分为不同类型。

2.2.1 面试的不同组织形式

根据具体形式的不同，面试可分为如下几种。

○ 个别面试

在这种形式下，一个应聘者与一个面试人员面对面地交谈，而且个别测验可以使用多种工具，有利于双方建立较为亲密的关系，加深相互了解。但由于只有一个面试人员，所以决策时难免有失偏颇。

○ 小组面试

通常是由两三个人组成面试小组对各个应聘者分别进行面试。面试小组可由人事部门及其他专业部门的人员组成，从多种角度对应聘者进行考察，提高判断的准确性，克服个人偏见。

○ 成组面试

通常由面试小组（由两三人组成）同时对几个应聘者（最好是 5 ~ 6 个）同时进行面试。在面试人员的引导下，完成一些测试和练习。在这个过程中，对应聘者的逻辑思维能力、解决实际问题的能力、人际交往能力、领导能力等进行测试，以便于做出用人决策。

○　会议型面试

由若干位企业代表会见一位应聘者。虽然对应聘者详尽的考察十分可信，但应聘者的紧张程度很高。

相对来说，小组面试要比一对一面试更为客观，这是因为通过面试做出的决定不完全取决于一个人的意见，但也带来花费时间较长、大家配合不好、分工不清的问题。尤其要注意面试过程不能围绕某个人来进行，否则就丧失了小组面试的优势。而一对一面试能产生更可靠、更有效的结果。要根据公司的规模和参加面试的人数来选择合适的面试负责人。

案例与讨论　小组面试的问题

我们招聘新员工的时候采用了小组面试的方式，小组成员有销售经理、人力资源部经理和我。人力资源部经理好像觉得自己在招聘方面比别人懂得多，她希望我们完全按照她的意见办理，我提出的意见她竟然丝毫不重视，这简直可笑，因为我才是将来要和新员工共事的人。

问题：

这次面试中，面试小组没有配合好的原因是什么？

总结：

小组面试可以更为客观，但也会带来大家配合不好、分工不清的问题。尤其需要注意的是在面试过程中不能围绕小组中某个人的意见来进行，否则就丧失了小组面试的优势。要想避免小组面试出现的问题，可以采用下面讲的结构化面试的方法。

2.2.2　非结构化面试和结构化面试

根据面试中提问种类的不同，面试可以分为非结构化面试和结构化面试。

○　非结构化面试（Unstructured Interview）

非结构化面试也叫不直接提问型面试，在这种面试中，面试者会提出探索、无限制的问题。这种面试是综合性的，面试者鼓励应聘者多谈。非结构化面试一般比结构化面试耗时更多，且因应聘者的不同会获得不同的信息。

○　结构化面试（Structured Interview）

结构化面试又叫直接提问型或固定模式型面试，这种面试由一系列连续向申请某个职位的应聘者提出的与工作相关的问题构成。使用结构化面试由于减少了非结构化面试的主观性，从而提高了面试的可靠性和准确性。结构化面试的步骤如下所述。

步骤与方法　结构化面试的步骤

设计步骤：

○　第一步：分析应聘岗位对应聘者的素质要求；

○　第二步：确定录用标准，设计面试问题；

○　第三步：合理安排问题的顺序，确定由谁提问；

○　第四步：明确评分标准和评分人，设计规范的评分卷。

实施步骤：

○　第一步：建立融洽的关系阶段——提出一些随意的、无关工作的封闭式话题帮助应聘者放松心情；

○　第二步：介绍阶段——最好提出两三个开放式问题，积极倾听应聘者的回答，做出初步判断；

○　第三步：核心阶段——面试者根据工作要求和职责规定，提出素质考核问题，搜集应聘者技术、知识、行为和人际交往能力的信息；

○　第四步：确认阶段——不再引入新话题，给面试者核实应聘者工作能力的机会；

○　第五步：结束阶段——面试者确保提问涉及辅助其做出聘任决定的全部信息，应聘者有最后展示自己的机会。

下面的训练与练习可以帮助你熟悉结构化面试中需要完成的基本任务。

训练与练习　面试中的任务

问题：

每一次面试中你都应完成一些任务，这些任务你应该以一定的顺序来完成。根据你认为最有效的面试顺序排列下列活动，1~11 为活动标号。

表 2-1　面试中的任务

编　号	任　务	面试顺序
（1）	核对应聘者申请表或履历上的信息	（　）
（2）	询问一些深层次的问题以进一步了解应聘者	（　）
（3）	如果应聘者有面试支出，解释如何报销（此情况目前在国内还不普遍）	（　）
（4）	向应聘者介绍面试过程	（　）
（5）	带领应聘者参观办公地点	（　）
（6）	感谢应聘者来参加面试	（　）
（7）	告诉应聘者何时能出来结果以及使用什么方法通知他们	（　）
（8）	询问应聘者是否对该项工作有兴趣	（　）
（9）	提供有关公司和该项工作的背景信息	（　）
（10）	解释工作期限和工作条件（包括薪资、假期、工作时间等）	（　）
（11）	询问应聘者是否有疑问	（　）

总结：

较为合理和有效的面试步骤如下，将你的答案与下面的清单进行对比，顺序可能稍有不同，但是基本结构应该是一样的。

（4）-（5）-（9）-（1）-（2）-（10）-（11）-（8）-（7）-（3）-（6）

2.3　面试中的提问

面试中的提问很重要，必须能够反映该项工作的真正需求并有助于找到该项工作的合适人选。但是需要注意一点，就是要防止询问一些有歧视倾向的问题（在 1.1.1 有关于招聘歧视的相关内容介绍）。任何涉及应聘者私生活并与工作无直接关系的问题都是不合适的。向每个应聘者询问同样的问题避免了无意中询问了不好的问题，同时还保证了所有应聘者都受到了公平对待。

道德与素养　职业忌语

在职业生活中，需要时刻注意语言的规范，有一些话语是职业中的忌讳。

职业忌语 50 句				
1. 不知道 2. 没有 3. 不管 4. 不行 5. 讨厌 6. 真笨 7. 真烦人 8. 你等着吧 9. 急什么 10. 靠边站着吧	11. 别挤在这儿 12. 你烦不烦 13. 我没工夫 14. 有完没完 15. 走开 16. 你问我，我问谁 17. 不是告诉你了吗，怎么还问 18. 你怎么这么不知趣 19. 你以为你是谁 20. 没看我在忙吗	21. 没看见上面有须知吗 22. 你怎么瞎写 23. 你懂不懂 24. 你没长眼睛 25. 怎么什么都不知道 26. 我没时间和你废话 27. 我就这态度 28. 你爱找谁找谁 29. 找领导去呀 30. 你怎么不提前准备好	31. 材料怎么不带齐 32. 你这条件没人要 33. 你条件太差，我有什么办法 34. 你等着去吧 35. 你怎么这么多毛病 36. 你怎么这么挑剔 37. 少废话 38. 少捣乱 39. 怎么连基本常识都不懂 40. 没人要你关我什么事	41. 你有什么资格 42. 没事找事 43. 爱去不去 44. 你算什么东西 45. 随便 46. 自己看着办 47. 有本事你自己找单位去 48. 找不到单位别赖我 49. 有合适的人你自己找去 50. 我是为你一个人服务的吗

下面的案例说明了在面试中出现不恰当提问的情形，我们应该尽量避免出现这样的错误。

案例与讨论　面试中不恰当的询问

上月底我参加了一次面试，在面试中我被问到是否有孩子和抚养孩子的打算，我如实做了陈述。事后，我与另一位申请人交谈，我问他是否也被问到同样的问题，他说，

（续）

并没有，很明显，面试官之所以向我提出这个问题，是因为他认为抚养孩子是女性的责任，很可能会因为这一点而影响他的选择。

问题：

这次面试中，面试官的提问存在什么问题？

总结：

在面试中应避免询问应聘者的问题包括：

1. 婚姻状况；
2. 民族或籍贯；
3. 身体状况（除非与将来承担的工作有直接关系）；
4. 年龄（尽管年龄歧视并不违法，但是一般认为将年龄作为招聘的决定因素是不合适的，应该根据完成该项工作的能力进行选择）。

2.3.1 对核心资格的提问

如果公司将任职资格作为衡量应聘者能力的主要标准，就需要考察应聘者是否真正具有他们所需要的资格。一般情况下应聘者的所有资格很难进行评估，因此可以将注意力集中在几个主要方面上。表 2-2 举例说明了在面试中如何根据问题确定应聘者是否具备相应资格。

表 2-2 面试中基于资格的提问

核 心 资 格	问 题 示 例
提供一流的客户服务	○ 谈谈你提供的服务给客户留下深刻印象的经历； ○ 为了了解客户真正的问题所在，你将提出怎样的问题？
处理与客户的关系	○ 描述你让一位怒气冲冲的客户满意离去的情形； ○ 你是如何与客户建立联系的？

如果要参与基于资格的面试，应该首先接受专业培训。在培训中能够对这种方法的具体过程和运行规律更加了解，并且学会从应聘者那里获得所需要信息的各种方法。下面的训练与练习要求你根据自己工作中可能遇到的基于资格的面试提出合适的问题。

训练与练习　资格面试中的提问

问题：

根据你所在团队计划招聘的职位，在表 2-3 中写出获得该职位需要具备的两个核心资格。为每个资格拟出 2 个问题，这些问题将有助于提供该申请人能够胜任该职位的依据。

表 2-3　基于资格的面试问题

核心资格	问　题
	(1)
	(2)
	(1)
	(2)

总结：

通过设定关键问题，在招聘中可以很方便地了解应聘者是否能够胜任该项工作。

2.3.2　面试中的注意事项

在面试中，必须尽量保证自始至终都是公平的。人们或多或少都会受自己的意见和情感的影响，我们必须做到的就是将个人的影响最小化，并将注意力集中在为该项工作找到合适的人选上。这样就可以避免个人的判断在以后不会受到该职位主管经理的质问（有可能他认为你雇用新员工的理由是不正确的），或者避免应聘者对此次招聘提出质疑。

要做到整个面试过程的公平、公正，可以参考以下要点。

步骤与方法　如何保证招聘过程的公正

- 确保对所有应聘者采用相同标准；

- 所有人参加同样的测试；
- 向所有人问同样的问题；
- 对所有应聘者打分，使他们之间可以客观比较；
- 所有决定都必须是客观的；
- 保留有关应聘者的详细记录。

步骤与方法 面试时应避免的问题

在面试中，有一些问题需要尽力避免，主要包括下面几点。

（1）根据外表和言行贸然下定论

查尔斯·德·塔利兰德说过："不要相信第一感觉，第一感觉往往是错误的。"在应聘者开口说话之前，他们的服装、仪容和姿态都会影响你对他们的看法，这种看法有时候是错误的。在面试的时候应该避免根据第一印象做出仓促判断。

（2）镜像效应

对一位与自己具有相似背景、外貌或言行的应聘者不自觉地产生好感，或者对自己不喜欢的人产生坏印象，就会阻碍自己做出正确判断的能力。

（3）做出错误假设

根据应聘者以前的经历对其做出某种不切实际的假设。例如，一位应聘者说他（她）喜欢做填字游戏，你就认为该应聘者的推理能力强，文字能力也不错。但是应聘者也许没说，尽管他（她）喜欢做填字游戏，但是从来都不能很好地完成。

（4）太随意

气氛过于友好和不正式，以至于面试结束时根本没有了解应聘者是否能够完成该项工作。

（5）疲劳因素

一天不要面试太多的人。如果一次面试很多人，到最后的时候就会厌烦。

（6）说话太多

如果想评估某人是否适合某项工作，就需要努力倾听。在良好的面试过程中，应聘者的谈话应该占到70%。

（7）减少行话

过多的行话会给应聘者造成压力，尤其是那些对技术术语不熟悉的人。在面试过程中的言谈要通俗易懂。

上面总结了在面试过程中容易出现的一些问题。需要强调的是，在对招聘职位进行描述的时候最重要的是真实。如果应聘者能对工作情况有真实的认识，比他们进公司以后感到失望或受欺骗要好得多。下面的训练与练习要求你思考在面试过程中需要提供哪些信息，通过这个练习，你可以深入体会招聘面试的整个过程。

训练与练习　面试中需要交代的信息

问题：

你认为在面试中应该让应聘者了解哪些有关工作的信息？

总结：

你的答案应取决于不同招聘职位的具体要求，但是必须使应聘者清楚一些重要的信息，如该项工作的工作时间、职责要点和相关责任。应该在面试时提供的其他信息还包括新员工应该达到的目标、绩效的评估方式、晋级前景以及现行的奖励制度。还应该告诉应聘者本公司的文化是什么类型，最重要的规则是什么等。

2.4　正式录用的决定

如果对所有应聘者都询问了同样的问题并采用了同样的评价标准，那么当面试完所有人之后，应该对最合适的人选心中有数了。比较难以处理的情形是：两个应聘者的分数基本相同，而空缺职位却只有一个，这时要做决定就有些困难。

这时，不管自己是面试小组的一员还是单独一人进行面试，问自己如下问题：

（1）在对该项工作最重要的标准或资格方面，哪一位应聘者得分最高；

（2）哪一位应聘者最能证明自己能够胜任工作。

尽量保持客观很重要，但是在本阶段，如果两个应聘者的能力基本相同，就得使用主观判断了。花一些时间来判断哪一位应聘者更适合团队、哪一位更容易共事，是十分必要的，详细记录自己是怎样做出决策的，并妥善保管记录。

2.4.1　核查资料

在做出选择之后，团队领导和主管经理或人力资源部就需要核查所选定的应聘者们的资料并与他们签订合同。也许有人认为，核查资料只是一种形式，有的公司甚至忽略了这个步骤。但其实核查资料是非常重要的，核查资料的过程将使应聘者在面试过程中提供的虚假信息得到澄清，使你的决定更加客观。

步骤与方法　核查资料过程中需要注意的事项

在核查资料的过程中需要注意下面所列举的问题：

（1）确保应聘者知道资料将被核查，并将此写在申请表中；

（2）在向应聘者现在的雇主核查资料的时候，务必取得应聘者的许可，因为有的应聘者可能没告诉现在的雇主说他们在找新工作；

（3）在请求核查的资料中附带一份工作描述，这样被咨询的人就知道你需要核查的资料是什么了；

（4）询问与绩效、工作态度等相关的细节问题，不要询问应聘者的个人信息；

（5）将资料放在应聘者的档案中——但是要保证档案是机密的，不会被其他人看到。

2.4.2　签订工作合同

在核查完应聘者的资料并确定雇用他之后，就需要与雇员签订工作合同，合同应该包括以下细节：

（1）职位名称；

（2）一些相关条件，如通过体检；

（3）工作时间和工作地点；

（4）薪资、奖金、养老、假期权利等；

（5）何时开始工作；

（6）成为正式员工之前的试用期。

同时也需要和落选者联系，感谢他们对此职位的兴趣并适当解释他们落选的原因。

下面的评测与评估将测验你对面试的态度和行为，这个测验会帮助你确定自己是否是一位有效的、能够胜任的面试官。

评测与评估　评估你的面试能力

问题:

你在面试中表现怎样？阅读以下陈述，并进行评分(对每个问题的评分标准为 1~4 分)：

1—非常赞同　2—赞同　3—不同意　4—强烈反对

表 2-4　面试能力评估表

面试官表现	评　分
我很快就对他人做出结论	
我不喜欢会谈中出现冷场	
对于在年龄、口音、服装等方面与我相似的人我更有好感	
我认为了解应聘者的住址和家庭是非常重要的，因为这些情况会影响到他们的工作	
我认为大多数人在填写申请表的时候都夸大了自己的能力	
我坚信资格比经验更重要	
我认为面试应该是相当流畅的，不要提出难以回答的问题	
如果用等级评分来评估应聘者，我会聘用得分最高的人	
我坚信如果可能，应该在同一天面试所有应聘者	
我认为核查资料并不重要——我更相信自己的判断	

总结：

将你的得分累加起来：

○ 如果你的得分在 10~19 分之间：你更相信直觉而不是事实。这不是在招聘面试中最有效的方法，即使你的直觉非常好。因为你的个人倾向决定了你会排除某些并非没有能力的人。你需要采用更加结构化的面试方法，以便每个人都能得到公平的机会。

○ 如果你的得分在 20~29 分之间：你有点理论和实际相脱离。你知道为什么面试要公平，但是有时你个人的意见或情感却占了主导地位。这不一定是件坏事，但是要注意的是你的每项决定都必须依据事实。

○ 如果你的得分在 30~40 分之间：你不太相信直觉，你可能很熟悉结构化的面试系统，你也知道自己的决定要基于逻辑而不是情感。你需要注意的是不要太严格，偶尔也可以相信自己的直觉。

本章小结

本章详细讨论了面试的整个过程，包括面试前的准备工作，如何选择合适的面试方式，在面试中如何提问，如何回避面试中可能出现的问题以及在做出决定后还需要做哪些工作等。学习完这些内容之后，你需要结合自己的工作，把这些知识和技能运用在工作中，切实提高自己这方面的技能和能力。

思考与练习

1. 在选择面试的地点时，应该注意哪些方面？
2. 按照不同的分类方式可将面试分为哪几种方式？分别列举其优、劣势。
3. 结构化面试的步骤是什么？
4. 在面试的过程中，面试人员应该怎样做才能使面试能够顺利地进行？
5. 如何选择最佳应聘者以及做出决定之后该做什么工作？

第 3 章　员工就职安排

学习目标

1. 掌握为新员工安排指导伙伴的方法
2. 重点掌握新员工就职导向活动的安排

学习指南

为团队找到了合适的人选，他们被正式录用后，就会进入团队并开始工作。这时候就需要团队领导做更多的工作。不管公司采用结构化的就职程序还是其他非正式的方法，团队领导都要帮助新员工尽快进入角色。本章将研究新员工在适应期的种种情况。

关键术语

就职引导　就职程序　就职安排　指导伙伴

3.1　就职导向安排

新员工对公司的第一印象非常重要。如果他们感到孤立或受排挤，他们对公司和同事的看法就会改变，就需要花很长的时间去适应团队，甚至无法胜任工作，认为进入公司是个错误的决定。

下面的案例是一位团队领导对自己第一天参加工作的回忆。

案例与讨论 就职回忆

上班前一天晚上，我失眠了，我担心自己不能适应新的工作，担心其他人对我不友好。我怀疑自己能不能做好工作并尽快进入正轨，无法想象怎样能够一下子记住所有的事情，比如办公环境、别人的名字、能做什么、不能做什么。最重要的是，我想给新老板留下个好印象。

问题：

你是否有过和案例中的人一样的经历？你是否从中看出就职安排的重要性？

总结：

新员工参加工作的开始总会面临许多问题，又要适应环境，又要面临新的要求和挑战。因此，一个考虑周到的就职安排是非常重要的。

在实际情况中，有些事项是必须在新员工上班第一天就告诉他们的，包括以下几个方面的内容。

步骤与方法 新员工第一天上班需要被告知的事项

（1）向他们提供公司的有关信息、公司的结构和运作情况；

（2）公司的办公区域安排；

（3）解释他们的工作是如何与公司业务结为一体的；

（4）将他们介绍给经理和同事们；

（5）填写档案和其他的职工登记表等。某些公司会安排人力资源部门的人负责此事；

（6）解释公司的规定、纪律和投诉程序；

（7）提供健康、安全和灾难意识方面的培训。

有些信息应该以书面方式提供，这样新员工今后可以查阅。要注意一些次要细节同样具有很重要的意义，如洗手间和餐厅的位置，餐厅对员工是否有优惠政策等。下面的练习帮助你熟悉基本的就职引导应该包含的内容。

训练与练习　就职引导

问题：

用下列表格记录怎样将新员工介绍给公司，怎样进行每个阶段——他们需要参加讲座、参观其他部门、参观办公楼吗？每个阶段由谁负责？

表 3-1　就职引导安排表（1）

就职任务	方法	负责人
了解公司		
了解各自的工作及其在公司中的位置		
向同事和经理介绍		
工作中的琐事		
概要介绍公司的规章制度		
健康和安全培训		

总结：

就职引导的内容取决于工作的内容。上面所列举的是最基本的内容，在实际工作中还需要确定由什么人、以什么方法来做这些工作。

3.2　就职过程

就职过程从新成员进入办公楼之前开始。许多公司向员工提供就职信息包，信息包中包括一些基本信息，如：

- 办公楼平面图——这样他们不会迷路；
- 工作介绍——介绍员工的工作内容；
- 薪资的详细情况——付薪时间、假期；

○　工作的有关条件和工作场所的主要规定；

○　档案记录等相关文档工作；

以下是两个来自不同百货公司的零售业员工的经验，你可以结合案例思考怎样的就职导向更好。

案例与讨论　就职过程

○　案例一（某百货公司小张陈述）：

第一天早晨，我们这一批新入职员工与经理谈了话、参观了整个百货公司，下午我们学习如何使用收银机。第二天，我们进入各自的部门，从此就在团队领导的指导下在店堂内开始工作。到第一个周末，我们都可以独立工作了。我们人手一本公司手册，手册上介绍了我们需要了解的有关公司和公司运作方式的信息。

○　案例二（某百货公司小李陈述）：

由于许多新员工要同时进入岗位，因此前三天有非常细致的就职程序。每天都被分成两部分内容，一半时间学习公司及所销售产品的有关知识，另一半时间我们在培训室里练习使用收银机并熟悉自己的客户服务技能。第二周当我们开始工作的时候，每天我们留出一个小时进一步学习如何处理投诉、如何管理库存。这是一种有效的学习方法，因为我们可以非常迅速地掌握基本知识但又不会造成信息过量。

问题：

上面两个例子有什么不同，哪个更好，为什么？

总结：

在设计就职导向安排的时候应记住两个重要因素：

◆　一次不要覆盖太大范围——新员工不可能一次全部记住你所说的；

◆　让新员工尽快开始工作，即使是让他们做一些相当简单的任务，他们也会感到自己有所贡献。

下面的练习要求你回忆自己就职时的安排，思考自己就职时是否了解了需要的信息。

训练与练习　回忆你的就职导向

问题：

想一想你刚工作时的第一周，当时你的就职是怎样安排的？哪一部分安排得比较好？你能想出一些改善的方法吗？

表 3-2　就职引导安排表（2）

就职时间表	安排的内容	改善的方法
第一天		
第二天		
第三天		
第四天		
第五天		

总结：

每个人可能对自己刚参加工作的经历记忆较深，通过另一个角度思考你工作时单位就职导向做得如何，可以帮助你更好地理解这个过程的要点。

3.3　安排指导伙伴

显然，要团队领导一直负责管理新员工是有点难度，因此可以考虑在头几周为新员工安排一位“指导伙伴”。在新员工上班之前，应该安排好接受这份工作的志愿者，并与志愿者一起研究整个就职程序。

指导伙伴应该是了解整个就职程序的人，他（她）应该具有这样一些特点：

- 冷静——当自己承担的工作量使他们难以和新员工相处的时候，他们不会慌张；

○　耐心——能够不厌其烦地重复某些信息；

○　自愿——他们愿意扮演该角色。对他们来说，这是发展培训和顾问技能的良机；

○　积极——挑选那些真正喜欢团队工作的人，否则新员工会对企业留下负面印象。

安排指导伙伴的工作非常重要，做不好还会事倍功半。下面的案例就说明了这样的道理。

案例与讨论　安排指导伙伴的失误

当我得到第一份工作的时候，团队为我安排了一位年长的女士做我的指导伙伴，她已经在公司工作了两年。她对我很好，给予我许多帮助，但是她和公司里一些经理之间有矛盾。她常常这么说："等你工作一段时间之后很快就会发现这里不光有阳光和玫瑰。"她老是埋怨高级职员，认为他们的工作就是围着经理打转，大多数高级职员都一无是处。当然，她这些话只在背后说说。经理一过来，她就满面笑容了。一周后，她的言论确实对我产生了影响，我想自己拿主意，但是她似乎下定决心要让我和她一样讨厌这个公司。

问题：

这位女士是否能成为新员工就职中的好指导伙伴，为什么？

总结：

选择合适的指导伙伴非常关键，他们应该具备上面所列举的优点。在决定指导伙伴人选的时候，需要同他谈谈要做的事并交给他一张主要任务的书面列表。这样一来他就对需要注意什么、不需要做什么都很清楚了。扮演指导伙伴可以增强团队成员的责任感并让他们有机会亲自从事培训和发展工作。

有时候，仅仅安排指导伙伴还不够，有些新员工需要你为他们安排额外的支持，否则他们自己的工作就会受到影响。下面的练习将讨论对新员工额外支持的问题。

训练与练习　额外的支持

问题：

某些新员工在就职期间可能需要额外的支持。你觉得什么样的人需要额外的支持？你能向他们提供什么额外的指导？在此记下你的想法。

总结：

下面这些类型的人在就职期间需要额外的支持。

○　刚刚开始参加工作的毕业生。尽管看上去他们很热心，但是大多数毕业生在刚开始工作的时候还是很紧张的。这种紧张可能以过度兴奋、无法遵从指导或非常害羞等形式表现出来。对这些初参加工作的人要非常耐心，尤其应该注意健康和安全教育，因为年轻人对工作场所的危害可能知之甚少，只有使他们知道所有的规定，他们才能明确知道应该有什么样的行为和态度。

○　下岗后重返工作岗位的人可能会感到焦虑不安。他们可能对重新参加工作不会马上习惯，需要向他们提供必须的培训和额外的帮助，这样他们就能加快适应的速度。

○　残疾员工可能需要专用设备或通道，也可能还有一些其他的需求。团队应该为他们的工作创造便利条件。

就职引导不仅是告诉员工关于工作的一些细节，这还是一次难得的机会，可以利用这个机会衡量新员工的能力并考察他能做些什么，可以利用这次机会调查他需要什么样的培训和发展以及他能为团队做出什么特殊贡献。

下面提供了一个例子，请你根据前面学习的内容，回答问题并思考就职引导需要完成的任务。

评测与评估　就职引导安排

问题：

下面是一个关于就职引导安排的测验。邓小姐要加入团队，面对如下情形，你会如何应对？

表 3-3　就职引导安排测验

1. 邓小姐报到的那天早上，你要：

a）确保团队的所有成员都参加与邓小姐的见面会

b）让接待员等邓小姐一到就通知你并亲自与她见面

c）让人力资源部门照顾邓小姐

d）忘了她要来——你要做的事情实在太多了

2. 邓小姐没有准时到，你将：

a）决定解雇她，第一天就迟到绝对不能容忍

b）继续工作

c）往她家里或者手机上打电话看看是不是被什么事耽误了

d）再等她几个小时，如果午餐之前她还没到，你就要解雇她

3. 下午火警演习的铃声响了。你将：

a）自己逃命

b）找到邓小姐，确保她了解火警演习并带她到逃生通道

c）让团队的其他人照顾她

d）什么也不做，因为每周一下午都有一次火警演习

4. 邓小姐上班的第一天早晨，你要：

a）将她介绍给团队的其他成员

b）将她介绍给邻座的同事

c）将她介绍给团队的其他成员和部门经理

d）避免将她介绍给任何人——她是来这里工作的，不是来社交的

5. 下午晚些时候，你发现邓小姐在洗手间哭泣。你会：

a）假装没看见她，并走开

b）告诉她要振作起来

c）问她是谁让她心烦的，你要把这个人揪出来

d）告诉她你一会再过来，你们将随便谈谈

6. 邓小姐在打电话，而且明显是个私人电话。你将：

a）让她私下来见你，然后告诉她上班时间不允许打私人电话

b）大声告诉她不允许打私人电话，这也能让团队的其他人知道这个规定

c）忽视——她很快就会了解公司的规定

d）第二天给她一个书面警告

总结：

现在核对你的答案。

○　（B）——尽管你很忙也要亲自迎接邓小姐。你是团队领导，她需要知道你是支持她的。好好安排一下你的工作时间表，这样在她第一天上班的时候，你要挤时间和她在一起。

○　（D）——不要反应过度。如果邓小姐被堵在地铁里或交通阻塞了，她也许没有时间和你联系并解释自己要晚点到。如果午餐时间她还没到，你就可以打电话，看看她为什么没来。

○　（B）——邓小姐一到就应该接受健康和安全的培训。培训包括告诉她火灾出口并解释火灾演习。但是，你应该对她负责——在上班第一天的一片混乱中，她也许忘了自己应该做什么。

○　（C）——通过将邓小姐介绍给可能会经常接触的人——包括老板在内，会让她有一种亲切和归属的感觉。

○　（D）——邓小姐在上班第一天快结束时哭泣，暗示她在工作中可能碰到麻烦。给她点时间让她平静下来并和她进行私下谈话，尽量找出她烦恼的原因，而且第二天早上的第一件事就是去看看她。在她适应之前，你可能需要多给她一些个人关照。

○　（A）——不要在她的同事面前让她难堪。她也许真的不知道自己违反了公司的规定，向她解释工作中能做什么、不能做什么，并确保她有一份有关规定的书面副本。

到此为止，你已经学习了新员工就职引导中应该包含的内容。你该继续思考如何进一步帮助员工开发自己的潜力，使他们能够提高其工作效率。在这之前，你需要将前面学习过的内容总结一下，下面的练习帮助你思考在具体的就职引导中应该如何做出安排。

训练与练习　就职程序

问题：

你已经回顾了自己的就职过程并认真思考了怎样对其进行改进。现在，你就可以为团队的新成员拟定理想的就职程序。将你认为能帮助她尽快适应的所有事项都写下来，列出能用于就职每一个阶段的方法以及就职程序的每一个部分应由谁负责。

表 3-4　就职程序分配表

就职阶段	方　法	负责人
第一天		
第二天		
第三天		
第四天		
第五天		

总结：

通过完成这个练习，你可以将前面讲授的内容贯穿起来，为团队新成员的就职设定一个引导程序。这个程序可以指导你做哪些任务，使用什么方法来确保整个就职过程顺利有效。

本章小结

本章讲述了在新员工就职的第一天应该如何帮助他们，如何告知他们一些注意事项。详细讨论了就职导向活动和为新员工安排一个指导伙伴以帮助他们快速适应的方法。

思考与练习

1. 在新员工刚进入公司时，应该提供给他们哪些方面的信息？

2. 在新员工进入公司时，应该找一个合适的人负责指导该员工，这个人应该具备哪些特点？

第4章　员工的发展

学习目标

1. 了解如何让新员工安心工作
2. 掌握如何处理新老员工间可能出现的问题
3. 重点掌握如何全程关注新员工的发展
4. 重点掌握企业职工应具备的职业道德基本行为规范
5. 重点掌握当下社会主义荣辱观和社会主义核心价值观对员工职业道德的要求

学习指南

当从事一份新工作的时候，很多事情都是第一次经历的。新同事、新的工作环境、尽快适应工作的挑战，这些都让人激动。但是，几周过后，最初的兴奋已经无影无踪，新奇感消失了，进入到日复一日的工作中。本章将讨论新成员加入团队之后，如何帮助他们开发自己的潜力，如何规范和影响新成员的基本行为。

关键术语

员工的发展　员工关系　职业道德

4.1 如何留住员工

4.1.1 员工离职的影响

所有公司都需要留住自己的员工。如果部门中有人离职，就必须找到接替其职位的人员，离职会对部门和组织造成一些影响：

- 聘用接替人员要花费一定的成本；
- 要花一定时间让新员工适应；
- 在新员工适应前会影响团队的生产效率等。

4.1.2 如何让员工安心工作

在新团队成员逐渐习惯和适应工作之前，必须为他们创造一个和谐的工作环境，使他们能够在工作中身心愉快，从而安心工作，以免不能度过适应期而离职。让员工安心工作需要给他们提供机会，这涉及工作、学习以及与同事的关系等各方面的因素。其中最关键的要点包括如下内容。

- 团队：关系密切的团队，人们感到轻松自在。这样的环境有利于新员工长期稳定的发展，新员工不太可能出现离开的想法。随时随地尽可能地激励自己的团队，在他们表现好时不加掩饰的称赞是非常重要的。团队领导的态度非常重要，一位热爱本职工作的团队领导就是促进人们坚持工作的巨大动力。
- 工作：尽量使工作丰富多彩、充满乐趣。面对挑战的时候，人们的响应将更为积极应该在乏味的日常工作中增添刺激性的活动，使团队成员的日常工作多样化。也可以让团队成员在部门内流动并交换工作，可以让他们更多地参与并承担更多的责任，团队领导需要不断回顾工作实践并寻找各种途径进行改善。
- 培训和发展机会：没有人愿意自己的职业生涯一成不变，应该尽可能地为团队成员提供学习新技能的机会。

下面的训练与练习帮助你深入理解工作、学习以及与同事间的关系等各方面的因素对留住员工的重要作用。

训练与练习　让员工身心愉快

问题：

你自己的部门或公司有哪些重要因素能让员工保持身心愉快？长期服务的员工为什么会留下来？利用表 4-1 中的标题，将所有你认为重要的、有助于员工保持愉快的事项都记下来。例如，在“团队”标题下，你可能认为良好的关系以及定期的社交活动是将员工凝聚在一起的重要因素。在“培训和发展”标题下，你可能认为给员工提供自我发展的机会很重要。

表 4-1　如何使员工身心愉快

团　队	工　作	培训和发展

总结：

留住员工必须确保公司能够向员工提供良好的工作生活平衡。根据员工从事的具体工作类型，团队的成员需要有灵活的工作时间、工作分担，所有这些做法都能帮助员工尽职尽责，使他们更加安心工作，从而获得高的绩效。

4.2　正确处理新老员工的关系

当有新成员加入团队的时候，老成员的思想会起一定的变化，这种情况是很正常的。任何形式的变化，即使是积极的变化也会让人们失去安全感。团队领导的工作就是让每个人都不会觉得新成员给他们带来了威胁；新成员也不会感觉受到团队的威胁，努力让新老员工彼此真诚相处，宽厚待人。

道德与素养　真诚相处和宽厚待人

○　所谓真诚相处指的是在职场中对同事甚至竞争对手真心诚意对待，不搞虚伪客套，更不搞权谋诈术；

○　所谓宽厚待人指的是对同事甚至竞争对手谦和礼让、大度能容。

下面的训练与练习帮助你思考在具体工作中，应该如何协调新老员工的关系。

训练与练习　问题出在哪里

问题：

看看下面三个团队领导者描述的情况，每个问题的起因是什么？你会怎样处理？写下你的建议。

○　团队领导 A 先生：我所在的团队成员间关系本来很密切，但上月苏小姐的离职却带来不小的变化。艾小姐接替了苏小姐的职位，我感到团队的气氛有所变化。团队成员对艾小姐彬彬有礼，但是谁都不想进一步了解她。

○　团队领导 B 先生：孔先生上个月来到团队，他曾在另一家工厂担任督导，对工作很在行。他并没有表现出特别强硬和严格的态度，但是好像团队成员都对他小心翼翼，尤其是那些在公司工作了很长时间的人。

○　团队领导 C 先生：这是王小姐的第一份工作，她成长很快，善于同客户打交道，但是团队的其他成员却和她关系不怎么样。她比大多数人年轻，但非常内向，休息的时候，常常独自看杂志。

总结：

下面是公司领导们给出的建议，你同意他们的看法吗？

（1）新人被接受要花一定时间，尤其原先的成员是团队中受欢迎的成员时。但是不管怎样，苏小姐的离职和艾小姐一点关系都没有。私下和员工进行谈话是非常有益的，可以找出他们对艾小姐态度的真正原因。

（2）团队成员受到孔先生的威胁。因为他经验丰富、工作出色，大家认为他一定会在将来领导整个团队，人们对此非常担心。解决这个问题，你可能要采取两手策略。首先，逐个找团队成员谈话，保证他们与孔先生之间没有什么矛盾。强调在奖金、提升和激励系统方面本部门是一律平等的。其次，你还要与孔先生谈话。他担任的是督导的角色，因此他应该清楚在团队中可能出现的问题，要清楚地表明其他团队成员是非常愿意同他合作和向他学习的，他也需要尽可能同团队成员打成一片。

（3）王小姐年轻、没有经验、可能不受人重视。你已经为她安排一位指导伙伴了吗？如果没有，那么找一位最有经验的老团队成员，问问他能否关照王小姐几周。这是增进她与同事之间关系、帮助她适应工作的一个好方法。

4.3 全程关注新员工的发展

员工适应新工作要花一定时间。如果认为在第一周正式就职之后，帮助新员工适应的所有工作就都已经做完了，这种认识是错误的。新员工熟悉日常工作并最终真正感到轻松自在，这可能要花几个月的时间。

在新员工开始工作后，需要在以后的几个月内继续监督他们的工作。如果公司有试用期，那么就需要观察和监督新员工的工作以确保他们适应并达到要求，如果没有试用期，仍然应该拟订监督的方案。可以参照下面的方法来进行。

步骤与方法　如何关注员工发展

○　监督员工并不意味着可以凌驾于新员工之上，等着他们犯错。在这个过程中，他们遇到问题的时候，应该帮助他们并教给他们更为有效的工作方法。

○　为员工预留一定的谈话时间，最好是非正式的，为他们提供探讨问题的机会。

○　不要忽视看上去无关紧要的问题。新成员不会使用复印机并不意味着他们是不合格的，这个信号可能表明就职培训的方法对他们不适用，或者因为心里有别的事，所以他们才没专心。

○ 要清楚地表明，如果他们在工作中遇到了任何问题，谁可以帮助他们。

○ 在对新团队成员深入了解之前要谨慎从事，要认真分析哪一种方法适用于他们。

步骤与方法 如何使新员工尽快适应新工作

○ 注意观察。留心新员工不适应的迹象。

○ 指导伙伴的关系要维持至少两个月，这样新员工在有困难时可以寻求帮助。

○ 要耐心。新员工适应要花一定时间，他们可能需要就日常事务进行密集培训。坚持核查，保证他们不会遇到什么问题。

○ 确保目标是可行的。新成员要像团队多年的老成员一样高效多产是要花时间的。

○ 预留与员工谈话的时间，能够与员工不受干扰地谈话，这样才能断定他们是否遇到问题。

○ 不要让他们感到厌烦。如果他们有潜力，想想有什么方法可以让他们的工作更富挑战性。

○ 不断回顾——是否向新员工提供了他们所需的支持。

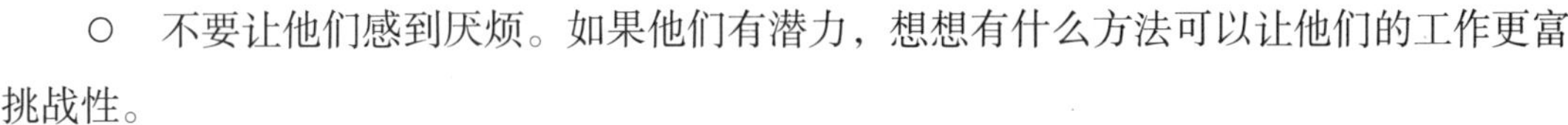

4.4 企业员工应具备的职业道德

你要了解企业员工应该具备的职业道德，首先要知道什么是职业道德。

道德与素养 职业道德含义和具体要求

○ 职业道德是人们从事一定的正当的社会职业时，并在履行职责的过程中，在思想上和行为上应当遵循的道德准则和规范的总称。[①]

① 孙国华. 中华法学大辞典・法理学卷[M]. 北京：中国检察出版社，1997: 515.

○ 在当前我国国情下，国家对普通企业员工应具备的职业道德的要求在《中共中央关于社会主义精神文明建设指导仿真的决议》中有提到，即：在我们社会的各行各业，都要加强职业道德建设。首先是党和国家机关的干部，要公正廉洁，忠诚积极，全心全意为人民服务，反对官僚主义、弄虚作假、利用职权谋取私利。还要加强那些积极为广大群众日常生活服务的部门的职业道德建设，反对和纠正带有行业特点的不正之风。在我们社会里，人人都是服务对象，人人又为他人服务。我们社会对人的关心，社会和人们之间关系的和谐，是同各个岗位上的服务态度，服务质量密切相关的。

了解了什么是职业道德后，下面学习一下企业职工职业道德基本的行为规范，思考一下哪些容易做到，哪些需要努力。

步骤与方法 企业员工职业道德基本行为规范

○ 爱岗敬业，忠于职守

○ 诚实守信，宽厚待人

○ 办事公道，服务群众

○ 以身作则，奉献社会

○ 勤奋学习，开拓创新

○ 精通业务，技艺精湛

○ 讲究质量，注重信誉

○ 遵法守纪，文明安全

○ 团结协作，互帮互助

○ 艰苦奋斗，勤俭节约

下面的训练与练习要求你结合我国国情，感受国家对普通公司员工应具备的职业道德有哪些共同要求。

训练与练习　社会主义核心价值观和比尔·盖茨十大员工优秀准则

问题:

(1) 你能完整地说出社会主义荣辱观和社会主义核心价值观吗? 通过对社会主义荣辱观和社会主义的思考, 体会当下国家对人们职业道德的要求, 将表 4-2 填写完整。

表 4-2　社会主义荣辱观和社会主义核心价值观

当下政策热点	主 要 内 容	体现对员工职业道德的共同要求
社会主义荣辱观		
社会主义核心价值观		

(2) 结合当下热门的“比尔·盖茨十大员工优秀准则”思考比尔·盖茨的用人之道, 它体现了对企业员工怎样的道德要求。

总结:

(1) 社会主义荣辱观的主要内容——“八荣八耻”

○　以热爱祖国为荣, 以危害祖国为耻;

○　以服务人民为荣, 以背离人民为耻;

○　以崇尚科学为荣, 以愚昧无知为耻;

○　以辛勤劳动为荣, 以好逸恶劳为耻;

○　以团结互助为荣, 以损人利己为耻;

○　以诚实守信为荣, 以见利忘义为耻;

○　以遵纪守法为荣, 以违法乱纪为耻;

○　以艰苦奋斗为荣, 以骄奢淫逸为耻。

(2) 社会主义核心价值观的主要内容:

○　国家层面的价值目标: 富强、民主、文明、和谐;

○　社会层面的价值取向: 自由、平等、公平、法治;

○　公民个人层面的价值准则: 爱国、敬业、诚信和友善。

当下, 国家层面对每一个企业员工有着共同的职业道德要求, 要求大家要爱国、敬业、诚信、友善。当然每个行业都会根据自己的行业要求提出自己更微观的职业道德规范，例如互联网企业道德、饮食行业道德、服装行业道德等。行业中的每一个公司也会有各自的公司制度来约束大家的行为。

比尔·盖茨十大员工优秀准则主要内容:

○ 第 1 条准则　对自己公司的产品抱有极大的兴趣：对公司的产品具有寻根究底的好奇心；始终表现你对公司及产品的兴趣和热爱；热爱并专注于自己的工作；天下没有一劳永逸的事，要不断自我更新；

○ 第 2 条准则　以传教士般的热情和执着打动客户：站在客户的立场为客户着想；最完善的服务才有最完美的结果；

○ 第 3 条准则　乐于思考，让产品更贴近客户：了解并满足客户的需求；思考如何让产品更贴近客户；

○ 第 4 条准则　与公司制定的长期目标保持一致：跟随公司的目标，把握自己努力的方向；做一个积极主动的人；奖金和薪水不是唯一的工作动力；把自己融入整个团队中去；帮助老板成功，你才能成功；

○ 第 5 条准则　具有远见卓识，并提高专业知识和技能：对周围的事物要有高度的洞察力；吃老本是最可怕的；不断学习，提高自己的工作能力；掌握新知识新技能，以应对未来的工作；做勇于创新的新型员工；

○ 第 6 条准则　灵活地利用那些有利于你发展的机会：机会从来不会缺乏；用行动创造机遇；敢于冒险，才能抓住成功的机会；珍惜和利用公司提供的不同工作机会；抓住每一个展现自己的机会；

○ 第 7 条准则　学习经营管理之道，关注企业发展：好员工应该学习和懂得经营管理之道；认定工作的价值，为公司赚取更多的利润；树立主人翁意识，处处为公司着想；视自己为老板，把公司当作是自己开的；

○ 第 8 条准则　密切关注和分析公司的竞争对手：时刻关注本行业的发展动态；树立正确的竞争意识，敢于竞争；了解和分析竞争对手，才能战胜对手；学习竞争对手，避免重犯对手所犯的错误；

○ 第 9 条准则　有效利用时间，用大脑去工作：善于动脑子分析问题，并妥善解决问题；有了好的想法就立即去做；合理有效地利用时间，准时做事；从时间手中赢得机会；及时向公司提出合理化建议；

○　第 10 条准则　员工必须具备的美德：忠诚、诚实、守信、勤奋、节俭、热情、敬业、责任。

总结比尔·盖茨的十大员工优秀准则仍可以看出爱公司（爱国）、敬业、诚信、友善四点。

本章小结

本章我们学习了如何让新员工能够安心工作的方法和技巧，以及如何处理新、老员工之间可能出现的问题，了解了如何及时获得反馈，帮助新员工解决实际问题的方法，以全程关注新员工的发展，最后探讨了企业员工应具备的基本的职业道德。

思考与练习

1. 如果公司有人辞职，那么要找到接替人员所花费的代价是什么？
2. 要想让员工留下来，就应该考虑哪些方面？
3. 员工在适应工作的过程中，团队领导应该注意哪些方面的事情？

大 作 业

指导：

你可以把在本单元内学习的内容与自己的实际工作结合起来，思考与整个招聘和就职过程相关的问题。

1. 设想你的团队中有两名成员因个人的原因要离职，那么，他们所承担的工作怎么办？你是否需要马上向人事部门报告你的招聘计划？

2. 假设主管经理告诉你，她无法保证这两个离开的人都能有新员工来接替，因为公司需要压缩人员编制，裁员是肯定的，要么在你的团队，要么是别的团队。在这种情况下，你能向她提供什么信息，以帮助她决定你的团队是否需要重新招聘人员？

3. 你可以试着为空缺职位准备工作描述。工作描述应包括以下内容：

该项工作的主要目的；

该项工作的主要任务；

该项工作的范围。

4. 接下来，请准备人员规范，你既可以通过基于资格的方式来制定人员规范，也可以列出基本能力和优先能力。

5. 根据你制定的人员规范，列出在面试时要问的问题。记住，你需要寻找证据来证明应聘者能够胜任这份工作。

6. 然后，为新团队成员工作第一周的就职过程制订计划。计划中应包括他们要做什么、什么时间做、谁要参与等。

7. 下一步，制订你的行动计划，该计划将监督新团队成员前 3 个月的工作情况，确保他们能尽快适应工作。记住，你需要定期进行回顾，以保证一切按计划进行。

8. 以 3 个月为期限，召开绩效管理会议。会议上你可以设定绩效目标、听取反馈意见，并讨论进一步发展的需求。

9. 你需要准备一段备忘录，备忘录的内容可以有：

- ○ 你多长时间进行一次团队谈话;
- ○ 你该怎样核查培训效果;
- ○ 什么时候你会提高团队成员的目标;
- ○ 能否让其他团队成员扮演指导伙伴的角色。

总结:

这个大作业可以帮助你以自己的工作环境为背景，完整地思考整个招聘过程及引导新员工就职过程中的所有问题。这样的联系有助于你掌握招聘新员工、引导新员工就职以及留住有用人才的方法，并切实提高相应的技能。

单元测试

一、单选题

1. 目前正值毕业季，某互联网公司计划招聘两名程序员，在网上发布招聘信息后收到了大量应届生的简历，为了提高效率，HR 主管要求大家筛选简历的时候，只考虑 25 周岁以下名校毕业的男性。请问，下面不是正确评价该主管行为的是（　　）。

   A. 该主管没有遵循招聘中办事公道的基本原则

   B. 该主管违反了招聘中不能歧视妇女的法律规定

   C. 该主管没有做好工作描述，应把他的具体要求写到描述中

   D. 该主管存在年龄歧视和学校歧视的行为

2. 人力资源部的张经理正在为选择何种方式来面试应聘者而苦恼，因为他知道，他招聘过程中，保证面试自始至终的公平性是非常重要的。张经理列出了以下四种备选方式中，有失公平的是（　　）。

   A. 结构化面试

   B. 为所有应聘者提供相同的面试环境

   C. 让所有应聘者参加同样的测试

   D. 一对一面试

3. 新员工小李下星期就要正式开始工作了，王经理打算为他安排一个指导伙伴，来帮助他更快、更好地适应新的工作环境。王经理心里有四个人选，其中，最恰当做指导伙伴的是（　　）。

   A. 小张待人做事都很耐心，在别人不懂时能够不厌其烦地重复讲解

   B. 小田的业务能力很强，所以承担的工作量很大，在繁忙时他容易慌张

   C. 小马做事态度总是很积极，什么工作都喜欢一马当先，常常不顾他的团队伙伴

D. 小何认为这是一个锻炼培训和提高技能的良机，应该是他的，为此他多次找王经理谈话

4. 当你的同事把公司的实际情况告诉顾客，使得即将签订的一份生意丢失时，你认可以下哪一种说法？（　　）

A. 损害了公司的利益，是一种不敬业的表现

B. 损害了公司的名誉，是一种严重的泄密行为

C. 虽然损害了公司的名誉，但是一种诚信行为

D. 虽然损害了公司的利益，但维护了公司信誉

5. 如果你所在的公司为了进一步拓展市场，在人员和机构方面进行重大调整，而你正负责开发一个重要客户，并且已经取得较大进展，这时公司让你放下现在的工作，到一个新部门去，你会采取哪一种做法？（　　）

A. 立刻放下现在的工作，投入到新的工作岗位

B. 请求公司让你把现在的工作做完，再去接受新工作

C. 立即将原工作进行安排与交接，同时接手新工作

D. 想方设法保留原工作

二、案例分析

章哲是飞腾通信工程技术有限公司人力资源部的职员，最近刚刚被任命为负责招聘工作的主管。近期公司根据业务的需要又要招聘一批新员工，明天就要由章哲负责组织面试。怎样才能够招到满意的员工并让新员工更快更好地融入企业、进入角色呢？章哲不禁想起了几年前自己刚入职时的情景。当时公司成立的时间还不长，人力资源管理的各个方面都还很不完善，自己入职的最初一段时间，既没有人对公司的全面情况给自己做一个详细的介绍，也没有人在工作方法上给予自己一定的指导，一切全靠自己去摸索、熟悉和适应，那可真是一段艰难的时光，章哲甚至产生过放弃的念头。一定不能让过去发生在自己身上的经历再重演了，章哲暗下决心。

1. 在面试的过程中，章哲需要注意一些提问的技巧，（　　）不是面试时应避免的问题。

A. 向所有人问同样的问题

B. 太随意

C. 说话太多

D. 镜像效应

2. 面试中除了应聘者回答提问以外，面试考官也要交代一些工作信息，这些信息通常不包括（　）。

A. 工作时间

B. 职责要点

C. 其他员工工资水平

D. 相关责任

3. 根据材料可知，当年差点造成章哲离职的原因是（　）。

A. 工作富有挑战

B. 发展机会渺茫

C. 缺乏关系密切、给予指导和帮助的团队

D. 培训课程太多

4. 优秀的人才很难“捡到”，也很难“控制”，章哲要想留住新员工，其中最关键的要点不包括（　）。

A. 关系密切的团队

B. 灵活的工作时间

C. 丰富多彩的工作

D. 培训和发展机会

5. 如果当时章哲离开公司，其影响不包括（　）。

A. 聘请接替人员要花费一定成本

B. 要花一定时间让新员工适应

C. 在新员工适应前会影响团队的生产效率

D. 其他团队成员之间的默契受到影响

第Ⅱ单元　财 务 表 现

几乎没有人富有到可以随心所欲地、毫无顾虑地乱花钱，我们不得不事先搞清楚要买的东西值多少钱，然后相应地做出我们的购物计划（预算）。即便是彩票的大奖得主也会发现，如果不对财务做出计划和控制，他们也会变得一文不名。就如同我们的日常生活一样，企业也不得不在它们的收入范围内管理财务，否则就很可能陷入破产的悲惨境地。过去，整个财务领域都被视为是会计的事，问题是会计虽然在尽职尽责地记录并报告企业的财务状况，他（她）却并不负责收入的赚取和成本的控制工作。控制权掌握在做出日常运作决策的人手中——通常是团队领导者。

本单元将通过对一些财务术语的说明和解释，使你初步理解基本的财务概念，例如利润、成本、现金、所有者权益等；在此基础上，本单元将指导大家学习如何计算成本，如何编制资产负债表、损益表和现金流量表等重要的财务报表，并且介绍财务预算的概念和方式。在本单元结束时，你将对财务管理有比较全面的了解。

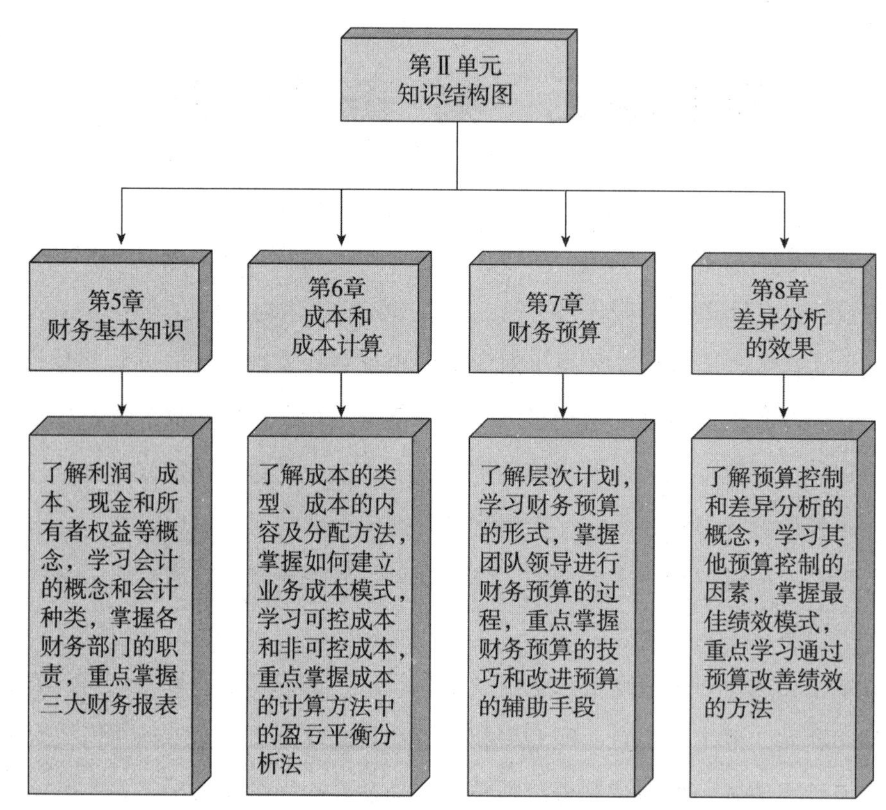
第Ⅱ单元
知识结构图
第5章
财务基本知识
第6章
成本和
成本计算
第7章
财务预算
第8章
差异分析
的效果
了解利润、成本、现金和所有者权益等概念，学习会计的概念和会计种类，掌握各财务部门的职责，重点掌握三大财务报表
了解成本的类型、成本的内容及分配方法，掌握如何建立业务成本模式，学习可控成本和非可控成本，重点掌握成本的计算方法中的盈亏平衡分析法
了解层次计划，学习财务预算的形式，掌握团队领导进行财务预算的过程，重点掌握财务预算的技巧和改进预算的辅助手段
了解预算控制和差异分析的概念，学习其他预算控制的因素，掌握最佳绩效模式，重点学习通过预算改善绩效的方法

第 5 章　财务基本知识

学习目标

1. 了解利润、成本、现金和所有者权益的概念
2. 了解利润、成本、现金和所有者权益之间的关系
3. 了解会计的概念和会计种类
4. 掌握会计的内容和会计任务
5. 掌握各财务部门的职责
6. 重点掌握三大财务报表

学习指南

在研究成本计算和财务预算等具体问题之前，有必要先明白这些问题与一般的财务问题之间的关系。本章将就一些常见的财务术语进行简要介绍，主要涉及以下几个基本问题：

- 成本与利润、现金以及所有者权益的概念；
- 会计的概念和会计种类；
- 会计的内容和会计任务；
- 财务部门中的各项职能；
- 财务工作怎样适应整个商业运作，如何分析三大报表。

关键术语

利润　成本　现金　所有者权益　会计　会计任务　会计种类　财务部门　资产负债表　损益表　现金流量表

5.1 财务基本概念

任何企业的商务运作都是建立在利润、成本、现金、财务和所有者权益等概念之上的，除了商务活动，这些概念对个人理财来说也非常适用。我们将从界定这些概念开始讲解有关财务的知识。

5.1.1 利润

每一个人都知道，绝大多数商业机构都要为股东创造利润，这种行为经常被描述为"为股东创造利润""令人满意的投资回报""实现账本底线结果"等很多不同的说法。尽管上述各项的表达方式不同，但是都包含了一个共同的含义：要达到预期利润目标，并且收入超过成本。在一定的会计周期内收入超出成本的部分被定义为利润。通常，大家都是按月或者按年计算利润的。如果成本超过了收入，结果就是出现亏损。"利润"和"亏损"是相对应的两个概念。

就个人来说，我们肯定希望每月的收入（薪水）超过每月的支出（消费），这样才会有一定的"利润"，也就是每月都有结余。如此循环，一年到头我们才能比上年显得富裕些。如果我们的支出超过收入，就需要支用前期的储蓄，或者从其他途径（比如银行）去筹措资金来弥补超支。企业也是一样的，企业的目标本质上是要在体现最大化收入的同时不断加强成本控制，从而保证收支相抵后还有一些盈余，因此，成本计算对收益率高低会产生很大的影响。

当然，某些工作部门可能没有直接收入或者根本就是非营利性的。虽然如此，同样还是要提供年度预算限额，只要不超过这个预算，就表示创造了"收入"。从某种意义上来说，这种目标就是面对要实现的"零利润"最大程度地降低成本。

5.1.2 成本

企业"成本"的概念也是财务的一个基本元素。大家知道，在日常生活中，除非控制花费（即成本），否则谁都可能面临入不敷出的财务窘境；企业业务也是如此，只不过数目往往更加庞大。所以，如果不从成本上进行控制，企业会更快地陷入更大的麻烦中。在本单元的第 6 章和第 7 章中，会对成本的类型、成本模式以及成本计算方法做进一步的详细讲解。

步骤与方法 支出（成本）的三种形式

○ 营业支出——没有持久价值的成本

这称为“营业支出”，是因为这类成本在企业业务中是和销售联系在一起的，一旦发生了这些费用，价值就随之而去了。例如，工资、办公费用、车辆运行成本等都属于这类成本。

○ 资本支出——具有持久价值的成本

如果我们花钱购买具有持久价值的物品，比如不动产（厂房、机器设备）、汽车和计算机等，这称为“资本支出”。资本支出产生时并不直接冲减利润，因为所有的或大部分的资本支出的价值以资产的形式保留下来了。每年从利润里冲减掉的是资产价值的损耗，即折旧。折旧描述资产价值耗尽的过程。举例来说，如果年初以 15 万元人民币购买了一辆汽车，到年末时，该汽车只值 12 万元，有 3 万元的价值损耗应该作为折旧从利润里冲减掉。绝大多数资产经过一定年限会折旧掉大部分的价值，但有时资产也存在升值的可能性。

○ 混合成本——价值在一定时间范围内体现的成本

最后一种成本是前两种成本的混合，其价值只能在一定的时间范围内体现，如果超出了这一范围，就将失去价值。用来购买这类货物的资金属于营运资本，例如：购买存货或与建筑工程有关的费用，都是这方面最典型的例子，在这类例子中它的价值直到货物卖给客户才消失。

下面是一个关于服装店的练习，通过这个练习可以让你知道前面介绍的利润和成本的问题。

训练与练习　分析服装店的成本和利润

一家服装店这一年的销售收入是100万元人民币，一年中的成本如表5-1所示。

表5-1　服装店成本表

成 本 类 别	成本（元）
已售服装成本	600 000
待售服装成本	100 000
运营成本（工资及其他花费等）	300 000
添置新的计算机系统	50 000

问题：

表5-1所列的各项成本中，哪些成本是作为冲减收入的“营业成本”（折旧忽略不计）？该服装店的利润是多少呢？

总结：

在各项成本中，只有“已售货物（服装）成本”和“运营成本”可以作为冲减收入的“营业成本”（如表5-2所示）。

表5-2　营业成本表

项　　目	价值（元）
销售收入	1 000 000
减：卖掉货物的成本	（600 000）
运营成本	（300 000）
利润	100 000

5.1.3　现金

现金是指库存的现款。根据我国现金管理的规定，各单位为便于支付日常零星开支，可以留存一定限额的现金，但是超过限额的那部分必须当天存入银行。现金的收入、支出和保管业务由各单位出纳人员负责办理。每笔现金收入和支出业务都须根据已审核无误的原始凭证编制记账凭证，作为记账的依据。为了反映库存现金的收入、支出和结存，要设置“现金”账户进行核算，并设置现金日记账进行序时登记。广义的现金，还包括银行存款和在途现金。

有人很简单地认为“现金”就是“利润”，这种说法从简单的“收入－支出”而言也许不错，但是一旦这些收入和支出的情况复杂起来，现金和利润就开始相互脱离，这种脱离是由于交易和付款之间发生了时间差而造成的。作为个人来说，我们通常用不同的方法进行交易，方法之一就是用信用卡购物。假设我们用信用卡购买了一台价值 3 000 元人民币的电视机，卖电视的商家几乎立刻就收到了这笔款项（信用卡公司会扣除少量的佣金）。但是，在我们给信用卡公司支付现金之前却还有一段时间，并且即使这笔钱到期了，我们还可以选择延迟付款，从而将支付时间拉得更长。尤其是在购买家具、汽车或房地产等主要资产（具有持久价值的货物）时，购买者往往不能一次性支付全部货款，他们所选择的是一些延期付款方式，例如分期付款购买、银行贷款等；在购买房地产时，购买者经常采用抵押贷款的方式来分期付款。这便使得交易和付款之间发生了时间差，“现金”就不能简单地等同于“利润”了。

对绝大多数企业来说，现金管理是一项重要事务，基层管理人员很可能也参与其中。最重要的一点是：企业一旦没有现金，将可能会面临破产。

5.1.4　所有者权益

所有者权益是财务管理中的第四个重要概念。与利润不同，所有者权益不是针对某一项业务而言，而是在特定的日期平衡所有资产和负债的余额。简单来说，所有者权益就是在某一时间我们所拥有的净价值，或者说我们拥有的资产减去我们的负债。

○　资产

资产是企业拥有控制的，能以货币计量并能为企业提供未来经济利益的经济资源。资产按其流动性，分为流动资产、长期投资、固定资产、无形资产、递延资产和其他资产。

○ 负债

负债是企业所承担的，能以货币计量、需以资产或劳务方式偿付的债务。负债按其流动性，分为流动负债和长期负债。

以下是一例所有者权益的简单算法。

案例与讨论　小张的所有者权益

小张决定盘点自己的所有者权益。他列出自己当前所拥有和所亏欠的主要项目，制作了自己的资产负债表（如表 5-3 所示）：

表 5-3　小张的资产负债表

所拥有的项目（资产）	价值（元）	所亏欠的项目（负债）	价值（元）
一套公寓	800 000	抵押贷款	550 000
一辆汽车	110 000	汽车分期付款的贷款	90 000
银行储蓄	15 000	信用卡账单	8 000
总计	925 000	总计	648 000

问题：

请计算小张的所有者权益。

总结：

由于所有者权益等于资产减去负债，根据表 5-3，小张的所有者权益为：

925 000 – 648 000 = 277 000（元）

企业的资产负债表也起同样的作用——计算某具体时间企业的所有者权益或价值。由于企业往往会包括更多的项目，所以描述起来会更加复杂，但基本原理是一样的。资产负债表、损益表和现金流量表是各类会计科目都必需的三个标准报表，在本章的第 2 节我们将重点介绍这三种报表。

5.2　会计和会计种类

5.2.1　会计

在企业里，会计主要是为管理人员和外部关系人提供企业的财务、经营情况并预测其发展趋势以便做出正确决策的一种信息系统，它是管理经济的一种工具。会计是社会生产发展到一定阶段，由于管理经济的需要而产生的。随着生产的不断发展，会计从简单的登记和计算财物盈亏，逐渐发展到利用货币反映和监督生产过程。随着生产规模日益社会化，会计越加重要。会计按其内容可分为：会计核算、会计分析和会计检查；按其适用的部门，有工业会计、商业会计、农业会计、基本建设会计、预算会计等；按其性质和作用，有财务会计、管理会计、成本会计、审计等。

习惯上，对于担任会计工作的人员也简称“会计”。会计的任务主要包括以下内容。

步骤与方法　会计的任务

- 反映和监督资金运动情况；
- 贯彻经济核算制；
- 加强计划管理；
- 维护财经纪律。

会计工作的内容和会计的任务要求所有会计从业人员都要切实按有关规定办事，按照职业纪律的要求约束自己的执业行为，做遵守职业纪律的模范。他们除了要严守职业纪律、劳动纪律、财经纪律和群众纪律外，还必须严格遵守操作规程和安全生产规程。

道德与素养　会计人员的职业道德

- 会计人员在进行会计工作时要求严守职业纪律，不能明知故犯；
- 要依法办事，客观工作，保守秘密；
- 要讲真话，坚持真理，杜绝假账。

步骤与方法　会计的内容

○ 设置账户和账本；

○ 填制和审核凭证；

○ 复式（或单式）记账；

○ 成本计算；

○ 财产清查；

○ 编制会计报表；

○ 财务和成本分析；

○ 会计检查。

5.2.2　会计种类

基层管理人员经常会接触到各种类型的会计种类，所以应该学习一些基本的知识。企业业务大体上会有四大类会计种类，分别有不同用途。

○ 财务账户

这是企业业务的年度账户。财务账户是对企业业务的法定要求，必须按照特定的法律法规提交会计报表。而且，除非企业业务极少，否则必须有外部的会计公司进行审查。从企业内部管理的角度来看，财务账户价值较小，因为它们提供的信息量小，记录的是企业的“财务历史”。

○ 成本会计

成本会计并无固定的法律文本，所以可以按照企业的需要进行格式调整，它是关于产品、生产线、加工品的详细成本报告，不过，目前在很大程度上已经为管理会计所代替了。

○ 管理会计

包含更为复杂的会计科目，是管理层获得财务信息和其他数据的依据。

○ 计划和预算会计

计划和预算的结果即是企业预期未来要实现的报表。

5.3　财务部门的职责

涉及财务的各部门之间有密切的联系，但又有不同职责，所以必须要了解清楚各财务部门的具体职责，从而才能通过有效途径获得最佳解释和协助。

5.3.1　绩效循环

在介绍财务部门的职责之前，我们首先要考虑一下财务与企业整体业务的联系，看看平衡的业务是如何运作的，可以参考图 5-1 的绩效循环图。

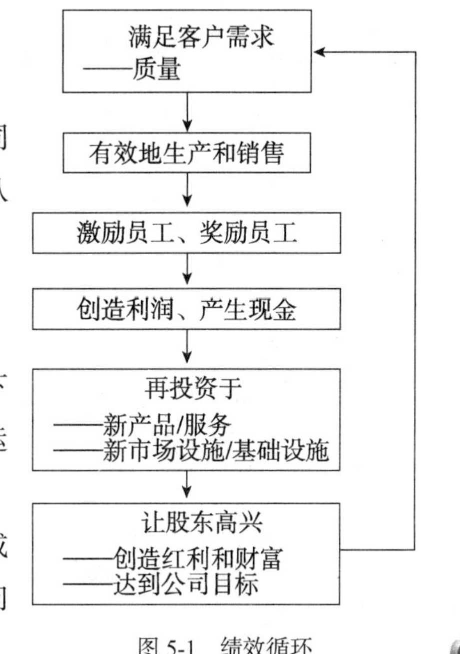

图 5-1　绩效循环

从图 5-1 可以看出，企业业务运作的过程中或多或少都会涉及利润、成本、现金、预算等问题，而这些问题都与财务息息相关。

5.3.2　财务部门职能

对于较大的财务部门，可以划分出以下几大块不同的职能：

○　财务总监——全权负责所有工作；

○　财务秘书——负责年度报表和账户在法律事务方面的工作；

○　会计主管——负责现金管理和业务资金的储备；

○　会计师——协调所有财务交易记录并准备财务账户；

○　管理会计师——协调预算过程以及定期制作管理账户；

○　内审员——确保会计体系和会计程序具有合理的结构，保证其正常运作。

在业务少的小企业，一个会计就可以完成以上所有的职责。可以说会计人员是组成企业财务部门最基本的单位了，因此明确会计人员职责权限，充分调动他们的积极性对会计工作的顺利开展至关重要。

道德与素养　《会计职权条例》和设置会计工作岗位的基本原则

1978 年 9 月 12 日，国务院发布《会计人员职权条例》对会计人员的职责权利做了明确的规定。

○　总则

○　工作职责

○　工作权限

○　总会计师

○　技术职称

○　任免奖惩

○　附则

设置会计岗位基本原则：

○　根据会计业务需要会计岗位与本单位业务活动的规模、特点和管理要求相适应，因此，会计岗位一人一岗、一人多岗、一岗多人；

○　会计岗位设置应符合内部牵制制度的要求；

○　对会计人员的工作岗位要有计划地进行轮岗，以有利于会计人员全面熟悉业务，不断提高业务素质，建立岗位责任制。

5.4　财务报表

5.4.1　资产负债表

资产负债表是企业最主要的综合财务报表之一。它是一张平衡表，分为“资产”和“负债+所有者权益”两部分。资产负债表的“资产”部分，反映企业的各类财产、物资、债权和权利，一般按流动性高低顺序列示；资产负债表的“负债”部分包括负债和所有者权益两项。其中，负债表示企业所应支付的所有债务；股东权益表示企业的净资产价值，即在偿清各种债务之后，企业股东所拥有的资产价值。三者的关系用公式表示为

资产＝负债＋所有者权益

资产负债表的主要项目解释如下所述。

○　资产

资产主要包括流动资产、固定资产、长期投资和无形资产四种。流动资产主要包括现金、应收票据、应收账款、存货和预付款项，期限通常在一年以内。现金包括企业所有的现金和银行里的活期存款。当企业现金过多而超过规定的持有量时，企业就把超额部分投资于短期的投资债券或商业票据。应收账款是由于赊销或分期付款引起的。存货包括原料、半成品和成品。生产企业的存货通常包括原材料、半成品和成品，而零售企业则一般只有成品库存。

流动资产的作用可用营运资金循环图（如图 5-2 所示）来说明。在图 5-2 中可以看出，存货的销售导致了现金和应收账款项目的增加。如果应收账款实际收到时，现金就会再次增加。随后，这笔现金又被用于购买新存货，支付营业费用，如工资、租金、保险费、水电杂费等。企业维持日常生产，不仅必须拥有适当的营运资金，而且要保证资金循环的顺利进行。在其他条件不变的情况下，如果应收账款的收回太慢，企业会因财力不足而不能按时购买存货或支付费用；若存货销售过慢，资金就会大量积压，企业也会因现金短缺而陷入困境。

固定资产包括企业的厂房、机器设备、仓库、运输工具等。它们是企业用来生产商品和提供劳务的，使用期限通常在一年以上。

长期投资指企业为了使资产多样化，为了扩大企业的规模或兼并其他企业而进行的期限超过一年的投资。

无形资产指像商标、专利和企业商誉这样的，没有实际形体，但对企业却有价值的资产。

○　负债

负债的两个主要成分是流动负债与长期债务。流动负债是指一年以内到期的债务，主要包括

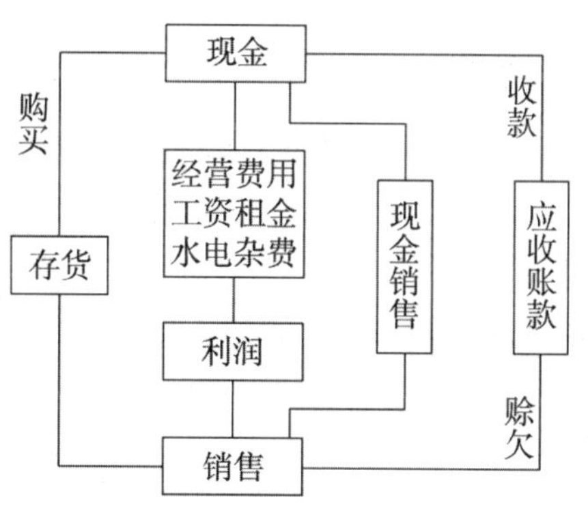

图 5-2　资金循环

应付账款、应付票据、其他应付费用和应付税款。应付账款表示企业由于赊购而欠其他企业的款项；应付票据表示企业欠银行或其他贷款者的债务，它通常是由企业的短期或季节性资金短缺而引起的；应付费用包括员工的工资和薪水、到期的利息和其他类似的费用，它表示企业在编制资产负债表时所应付费用的情况；应付税款表示企业应缴纳税款的金额，它与《企业所得税法》有密切的联系。

长期债务指一年以上到期的债务，它包括应付债务、抵押借款等项目。一般而言，企业通常借入短期资金来融通短期资产，如存货和应收账款等。当存货售出或应收账款收回时，短期负债就被偿清。长期债务通常用来融通长期或固定资产，如厂房、设备等。短期负债的利率通常比长期负债的要低，原因之一是短期贷款所涉及的风险较小。因此，当长期利率水平相对较高，并预计不久将会下降时，企业可能会先借入短期资金周转，等利率下降后再借入所需的长期负债，以便降低筹资的费用。

○ 所有者权益

所有者权益表示除去所有债务后企业的净生产价值，它反映了全体股东所拥有的资产净值的情况，也叫“股东权益”。所有者权益分实收资本和留存收益两部分。

实收资本包括以面值计算的股本项目。

留存收益表示企业利润中没有作为股息支付而留存于企业的那部分收益，它反映了股东对企业资产权益的增加。留存收益通常并非以现金的形式存在，因为虽然留存收益可能包括部分现金，但其大部分都被投资于存货、厂房、机器设备之中，或用于偿还债务。留存收益增加了企业的收益资产，但其本身却不能再作为股息来分配。

请通过下面的案例来体会资产负债表在企业中的应用。

案例与讨论　资产负债表

问题：

表 5-4 是某公司的资产负债表，请分析该企业 2012—2013 年度的发展状况。

（续）

表 5-4　某公司资产负债表　　千元

资产		2013.12.31	2012.12.31
流动资产	1. 现金	320	375
	2. 应收票据	195	138
	3. 应收账款（净）	200	250
	4. 存货	240	200
	5. 预付款	5	7
	总额	960	970
长期投资	6. ××公司普通股	70	20
固定资产	7. 土地	900	900
	8. 厂房与设备（净）	600	490
	总额	1 500	1 390
无形资产	9. 商标	15	20
	资产总额	2 545	2 400

负债与所有者权益		2013.12.31	2012.12.31
流动负债	1. 应付账款	220	190
	2. 应付票据	160	151
	3. 应付费用	66	69
	4. 应付税款	35	30
	总额	481	440
长期负债	5. 应付债券	380	340
	负债总额	861	780
所有者权益	6. 优先股（每股 10 元）	100	100
	7. 普通股（每股 1 元）	1 000	1 000
	8. 股本溢价	90	90
	9. 实收资本	1 190	1 190
	10. 留存收益	494	430
	所有者权益总额	1 684	1 620
	负债与所有者权益总额	2 545	2 400

（续）

总结：

根据上面所列的资产负债表可知，2013 年年底该公司的资产总额为 2 545 000 元，负债总额为 861 000 元，所有者权益为 1 684 000 元，分别比 2012 年提高了 145 000 元，81 000 元和 64 000 元。这表明该公司在 2012—2013 年度得到了发展并日趋繁荣。

5.4.2 损益表

损益表是企业最主要的综合财务报表之一，是反映一个企业在一个财政年度里的盈利或亏损状况的表格。这种盈利或亏损是通过营业收入和营业费用的对比来体现的。损益表反映了两个资产负债表编制日之间企业财务盈利或亏损的变动情况。

损益表主要由三个部分组成。第一部分是营业收入或销售收入；第二部分是与营业收入有关的生产性费用和其他费用；第三部分是利润和利润在股息与留存收益之间的分配，利润等于营业收入减去营业费用。

损益表的主要概念解释如下所述。

○ 营业收入

营业收入是指企业通过销售产品或对外提供劳务而获得的收入，其形式通常为现金或应收账款等项目。对一般企业来说，销售收入是企业最重要的营业收入来源。一般而言，企业的营业收入通常与它的营业活动有关，但也有一些企业营业收入的某些部分与其自身的业务并无关系。因此区分营业收入和其他来源的收入有重要意义。

○ 营业费用

营业费用是指企业为获得营业收入而使用各种财物或服务所发生的耗费。销售成本是一般企业最大的一笔费用，它包括原材料耗费、工资和一般费用。一般费用包括水电杂费、物料费和其他非直接加工费。与销售成本不同的销售和管理费用包括广告费、管理费用、营销费用和一般办公费用。财务费用是指用以偿付债务的费用。上述费用都会导致企业现金开支的增加。折旧费的增加表示企业固定资产价值的下降，待摊费的增加则表示企业所拥有的资产或资源价值的减少。

○　利润

税前利润由通常的营业收入与营业费用之差来决定。从税前净利润中减去税款，再将非常项目调整后，剩余的利润就是税后净利润。税后净利润又分为支付给股东的股息和企业的留存收益两项。企业若亏损，企业的留存收益就将减少，企业多半会因此而停止派发现金股息。若企业盈利，这些收益将首先用于支付优先股的股息，之后再由普通股取息分红。若企业收益不足以支付优先股时，则有两种情况出现：若优先股是累积优先股，则本年度的所有股息转入到期未付的债务项下，待有收益时再优先偿付；若优先股是非累积优先股，则优先股与普通股一样不能得到股息。每股收益等于普通股的收益除以已发售普通股的股数。每股收益的水平和增长情况是反映企业增长情况的最重要指标之一。

下面的案例是某公司 2014 年财政年度的损益表。

案例与讨论　损益表

问题:

表 5-5 是某公司 2014 年财政年度的损益表，请学习计算企业的净利润。

表 5-5　某公司 2014 年损益表

2014 年 1 月 1 日至 12 月 31 日　　万元

项目	金额
1. 销售收入	1 000
减去：销售成本	620
2. 销售毛利	380
减去：营业费用	196
（1）销售费用	84
（2）管理费用	67
（3）折旧	40
（4）待摊费用	5

（续）

	续表
3. 销售利润	184
减去：财务费用	14
4. 税前利润	170
减去：营业所得税	68
5. 非常项目前收入	102
加上：非常项目所得	5
减去：非常项目所得税	2
6. 净利润	105
7. 普通股每股盈余	
8. 非常项目前每股盈余	0.102
9. 非常项目每股盈余	0.003
10. 每股的净利润	0.105

总结：

根据上面所列的损益表可知，该公司当年的净利润为 1 050 000 万元。

5.4.3 现金流量表

资金流量核算主要以收入分配和资金运动作为核算对象，它反映一定时期各机构、各部门收入的形成、分配、使用、资金的筹集和运用以及各机构、各部门间资金流入和流出的情况。

我国已发布的《企业会计准则——现金流量表》要求企业按直接法编制现金流量表，并在附表中提供按间接法将净利润调整为经营活动现金流量的信息，这对于揭示企业一定期间现金流量的生成及其原因，从现金流量角度分析企业净利润的质量具有积极作用。

下面的案例是鑫源公司 2014 年度的现金流量表。

案例与讨论　现金流量表

问题：

表 5-6 为鑫源公司 2014 年度的现金流量表，说明如何利用现金流量表分析企业的财务状况。

表 5-6　鑫源公司现金流量表（2014 年度）　　元

项　　目	金　　额
一、经营活动产生的现金流量	
销售商品、提供劳务收到的现金	10 342 737
收到增值税销项税额	229 500
现金收入小计	10 572 237
购买商品、接受劳务支付的现金	11 227 400
支付给职工及为职工支付的现金	40 000
支付的增值税款	229 500
支付的所得税款	49 658
支付的除增值税、所得税以外的其他税费	1 459
支付的其他与经营活动有关的现金	18 000
现金支出小计	11 566 017
经营活动产生现金流量净额	6 220
二、投资活动产生的现金流量	
收回投资所收到的现金	8 250
分得股利或利润所收到的现金	2 750
取得债券利息收入所收到的现金	1 275
处置固定资产而收回的现金净额	750
现金收入小计	13 025
购建固定资产所支付的现金	114 900
权益性投资所支付的现金	10 000
现金支出小计	124 900
投资活动产生的现金流量净额	−111 875
三、筹资活动产生的现金流量	
吸收权益性投资所收到的现金	25 000
发行债券所收到的现金	400 000

（续）

续表

项　　目	金　　额
借款所收到的现金	90 000
现金收入小计	515 000
偿还债务所支付的现金	21 200
分配股利或利润所支付的现金	25 000
偿还利息所支付的现金	250
现金支出小计	46 450
筹资活动产生的现金流量净额	468 550
四、现金和现金等价物净增加额	362 895
补充资料	金　额
1. 不涉及现金收支的投资和筹资活动	
以固定资产、无形资产对外投资	47 500
本期提取盈余公积金	15 017
2. 将净利润调节为经营活动的现金流量	
净利润	103 572
加：计提的坏账准备或转销的坏账	198
固定资产折旧	7 300
无形资产摊销	2 025
待摊费用摊销	3 000
处置固定资产的损失	2 250
财务费用	6 200
投资收益	4 025
存货增加	125 800
经营性应收项目减少	5 900
经营性应付项目增加	5 600
增值税增加净额	0
经营活动产生的现金流量净额	6 220
3. 现金和现金等价物净增加情况	
现金和现金等价物的期末余额	417 345
减：现金和现金等价物的期初余额	54 450
现金和现金等价物的净增加额	362 895

（续）

总结：

根据上面所列的现金流量表可知，该公司当年现金流量净额为 725 790 元。①

步骤与方法 现金流量结构分析

现金流量结构分析是指对同一时期现金流量表中不同项目的比较与分析，以揭示各项数据在企业现金流入量中的相对意义。其计算公式为

现金流量结构比率 = 单项现金流入（出）量/现金流入量总额

以上面案例与讨论中的鑫源公司为例进行说明，鑫源公司本期现金流入量为 2 100 262 元，现金流出量为 1 737 367 元，现金净流量为 362 895 元。在全部现金流入量中，经营活动所得现金占 74.86%，投资活动所得现金占 0.62%，筹资活动所得现金占 24.52%。这意味着维持公司运行、支撑公司发展所需要的大部分现金是在经营过程中产生的，这无疑是企业财务状况良好的一个标志。而收回投资、分得股利取得的现金以及银行借款、发行债券、接受外部投资取得的现金对公司的运行和发展都起到了辅助性或补充性的融资作用。

在鑫源公司本期现金流出量中，经营活动所付现金占 74.56%，投资活动所付现金占 5.95%，筹资活动所付现金占 2.21%。将此与现金流入量分析相结合，可以发现该公司的现金流入与流出主要来自于经营活动所得，用于经营活动所费；公司进行固定资产投资，支付投资者利润等现金需要主要来源于外部筹资，特别是举债筹资。从总体上看，该公司的运行是健康的，发展是稳定的。但应特别注意公司以举债筹资的方式扩大投资所带来的财务风险及其偿还能力。

步骤与方法 盈利质量分析

盈利质量分析是指根据经营活动现金净流量与净利润、资本支出等之间的关系，揭示

---

① 计算方法：6 220−111 875+468 550+362 895=725 790。

企业保持现有经营水平，创造未来盈利能力的一种分析方法。盈利质量分析主要包含以下两个指标。

（1）盈利现金比率

○ 盈利现金比率＝经营现金净流量/净利润

这一比率反映企业本期经营活动产生的现金净流量与净利润之间的比率关系。在一般情况下，比率越大，企业盈利质量就越高。如果比率小于1，说明本期净利中存在尚未实现现金的收入。在这种情况下，即使企业盈利，也可能发生现金短缺，情况严重时还会导致企业破产。在分析时，还应结合企业的折旧政策，分析其对经营现金净流量的影响。上述案例中鑫源公司的盈利现金比率为6%（6 220/103 572），这表明该公司本期创造的利润中有相当一部分并未收到现金，即会计账面利润实低于净利润的主要原因是本期存货量比上期增加了125 800元。在分析时，应结合公司的其他有关资料，进一步分析存货增加的原因。

（2）再投资比率

○ 再投资比率＝经营现金净流量/资本性支出

这一比率反映企业当期经营现金净流量是否足以支付资本性支出（固定资产投资）所需要的现金。比率越高，企业扩大生产规模、创造未来现金流量或利润的能力就越强。如果比率小于1，说明企业资本性支出所需现金，除经营活动提供外，还包括外部筹措的现金。鑫源公司本期再投资比率为54%（6 220/114 900），这说明公司经营现金净流量满足资本性支出的能力较低，或者说公司需要的资本性投资大部分靠外部筹资所得。

本章小结

通过本章的学习，我们了解了关于成本、利润、现金和所有者权益的概念和它们之间的关系，学习了会计的概念和会计的种类，了解了会计的内容和会计的任务，知道了财务部门中的各项职能，并重点对在日常业务中常常用到的三大会计报表——资产负债表、损益表和现金流量表进行了学习。

思考与练习

1. 财务中的一些基本的概念包括哪些？你是怎样理解的？
2. 成本有哪些形式？每一种有什么特点？
3. 什么是现金？现金有哪些形式？
4. 一般来说，对企业最重要的三大报表是什么？
5. 日常的业务中，我们通常应用到哪些会计种类？
6. 如何编制资产负债表？

第 6 章　成本和成本计算

学习目标

1. 了解成本的类型、成本的内容和分配方法
2. 了解单位成本模型和项目成本模型
3. 掌握如何建立业务成本模式
4. 掌握可控成本和非可控成本
5. 掌握标准成本、边际成本、机会成本计算方法
6. 重点掌握盈亏平衡分析方法

学习指南

成本控制对企业来说具有重要意义。为了控制成本，我们首先要确定成本并把握影响成本的因素，然后才能运用这些成本为企业建立成本模式。

在这一章中，我们将了解成本的分类法、企业业务的成本模型有哪些和如何建立企业业务的成本模式。一个企业的成本模式在很大程度上是由企业的业务类型决定的，例如生产型企业的成本模式对服务代理商或者零售商店来说都是不适用的。本章还将介绍可控成本和非可控成本这两个重要的概念。在产生利润的盈亏平衡模式里，我们将回顾各类成本是如何与收入结合起来的。最后，我们将重点掌握三种常用的成本计算方法。

关键术语

成本（直接成本、间接成本、固定成本）　可控成本　非可控成本　业务成本模式　单位成本模式　项目成本模式　盈亏平衡模式　成本计算　标准成本计算　边际成本计算　机会成本计算

6.1 成本的类型

传统的成本分类法产生于生产型企业，它将成本分为三大类：直接成本、间接成本和固定成本。

6.1.1 成本的类型

1. 直接成本（可变成本）

直接成本（可变成本）是指直接计入各种（类/批）产品（劳务/作业）成本的费用。一种费用是否属于直接成本，取决于能否确认其与某一种（类/批）产品的生产有关，是否便于直接计入。例如一般工业产品生产中所耗用的构成产品实体的原材料、农业生产中用于播种的种子等，通常都是直接成本。在只生产一种产品的情况下，所有生产费用都是直接成本。这类成本直接随主要业务活动的变化而变化。

计算产品成本，首先要考虑哪些费用可以直接计入，哪些费用不能直接计入，然后采取不同的处理办法，凡是可以并适宜于直接计入产品成本的，应尽可能直接计入，以保证产品成本计算的准确性。区别直接成本和间接成本，对于正确计算产品成本具有重要意义。

在生产型企业中，直接成本（可变成本）包括以下几种：

- 原材料、元件和耗材；
- 直接人工；
- 其他直接成本，如水、电费等。

2. 间接成本（部分可变成本）

间接成本（部分可变成本）是指不直接计入、而须先行归集然后按照一定标准分配计入各种（类/批）产品（劳务/作业）成本的费用。由于一般不能分别确认间接成本其中有多少由某一种（类/批）产品的生产所发生，因而不便于直接计入，必须先按其发生地点或用途等加以归集，然后按适当标准在有关产品间进行分配。工业企业的车间费用、企业管理费用等，通常都是间接成本。

间接成本分配标准的选择，应以与被分配费用的发生具有密切关系（尽可能为正比例或接近于正比例的关系）为原则，既要力求成本计算的准确，又要考虑计算工作是否简便易行。分配标准若选择不当，就会影响产品成本计算的准确性。例如，在一个机械化程度较高的车间里，其设备维护使用费占车间费用总额的比重较大。这个车间的费用如果按生产工时比例分配，就会使手工操作较多的产品过多地负担车间费用，而机械操作较多的产品却过少地负担车间费用。

间接成本与生产活动相关，但是并不完全随产量的变化而变化，因为这部分成本是固定的（已经达到最大上限），或者说这部分成本是与其他部门分摊的，它们之所以与生产活动相联系是因为其对业务运营来说是必不可少的。

在生产型企业中，间接成本（部分可变成本）包括以下几种：

- ○ 技术支持费；
- ○ 生产厂房和机器设备的成本；
- ○ 销售成本。

以生产设备为例，假设一台机器每天双班可生产 800 件产品，无论每天生产的产品比日生产能力（800 件）高多少，这台机器的基本成本几乎保持不变。但是，假设要求生产超过 800 件产品，那么企业就需要考虑再添置一台设备或者增加一个生产班次。

3. 固定成本（管理费用）

第三大类成本是企业运作发生的管理费用，亦称“决策性固定成本”。它是指由企业的管理政策所决定、与产量无直接关系的固定成本。例如企业为开展科学研究、培训工作人员、开辟销售市场、进行咨询等所发生的费用。一般来说，这种成本的增减，对于当期或近期的生产水平不会发生实质性的影响，它分摊在企业业务运营的各项环节中。这类成本是固定的，因为无论企业产量如何，这类成本的发生都是不可避免的。

管理费用包括以下几种：

- ○ 后勤部门的成本（如计算机）以及行政费用；
- ○ 总公司费用；
- ○ 研发费用；
- ○ 财务成本。

注意：尽管我们在这里将成本分作三大类，事实上成本并不能完全严格归入各类中。举例来说，实际中的可变雇用成本就是不完全随着产量的变化而变化的，因为不可能简单地随产量变化而改变员工数量。

我们可以将企业业务中影响成本的主要因素称为“成本动因”，成本动因并不是成本本身，而是代表影响成本的因素。

步骤与方法　成本动因

最明显的成本动因就是企业的主要业务活动。例如：

- ○ 企业总体的主要业务活动和各部门的主要业务活动；
- ○ 雇用的员工人数；
- ○ 员工的流动率（影响到招聘和培训的成本以及员工的生产力）。

6.1.2　可控成本和非可控成本

可控成本和非可控成本是相对应的。可控成本是指可以由企业的特定成员通过施加影响来控制其发生数的那类成本；反之则是非可控成本。

可否控制并不是一个成本项目的固有特性，而必须与一个具体的责任中心或特定的人员以及一定的期间联系起来一同观察。同一种成本，对于一个责任中心来说也许是可控制的，可对于另一个责任中心来说可能是不可控制的。一般地说，一个责任中心的直接材料和直接人工的成本通常是可控制的；但并非所有直接成本都是可控制的。区别可控成本和非可控成本，有利于确定有关人员的经济责任。

通常，监督者总是希望能更多地控制成本。如果按天计算来控制成本的话，是很不容易的。当然，确实存在有些团队领导者在很多时候控制了大量可变成本的预算。例如，运输计划组的管理者可能负责上百万的运输费用，而系统开发管理者则可能因为雇用合同制程序员而产生大量成本。但是，对于成本波动不大的部门来说，可能更多的是按天为单位最大化利用小组的效率，而不是控制成本。例如公安局这类服务性组织，最大的成本就是人员，而且往往会设置“多班倒”来应付突发情况，能够以天为单位进行控制的人力成本只有警察的加班费。团队领导者日常的任务就是如何调遣人员，从而产生良好的人员利用效果。

下面的训练与练习就是帮助你根据自己的情况来分辨成本的可控性问题。

训练与练习　分辨可控成本和非可控成本

问题：

现在来看看你所在的工作小组的情况，把你们的主要成本分别记入下列两栏，你得出的答案是什么？

表 6-1　可控成本和非可控成本

可控成本	非可控成本

总结：

可控成本是指某一单位能够控制并且能够对其负责的成本，非可控成本刚好与之相反。成本控制的好坏与否直接关系到组织的运营和发展。

6.2　成本模型

6.2.1　建立业务成本模式

将各类成本集合起来，就组成了企业成本模式的大致轮廓，它与收入可以进行比较，如表 6-2 所示。

表 6-2　销售收入和成本比较表　　万元

项目		
A. 销售收入		3 500
B. 直接成本		
○ 原材料和元件	1 200	
○ 直接人工	900	
○ 其他直接成本	450	
		2 550
C. 销售毛利（A－B）		950
D. 间接成本		
○ 技术支持费	100	
○ 厂房和机器设备折旧	150	
○ 销售费用	120	
		370
E. 净利润（C－D）		580
F. 营业费用		
○ 工厂运营管理费	85	
○ 公司运营管理费	55	
○ 财务费用	40	
		180
G. 税前利润（E－F）		400

应该注意，毛利和净利常常用来描述如表 6-2 所示的利润率的高低。我们在这里讲的是总体上的情形，大家可以和自己平时遇到的情况联系起来考虑。

6.2.2　成本内容及分配

在现代的会计系统中，建立成本中心是非常重要的，它可以把企业内发生的一切成本连接起来。

成本中心应当存在于所有管理责任领域，通过创建成本中心，所有成本就能按照地区、营业部门、过程或者产品的分类来进行分析。大部分成本中心分配都可以通过计算机自动完成。例如，工资单上的每个人都分配有自己的成本中心，每个人的成本自动转入所在的

成本中心，当然，为了确保精确性，成本中心的费用要及时更新，尤其是当员工从一个部门转到别的部门时，相应的成本中心信息也要及时更改。另外一种记录方式记录了成本的种类。以工资单为例，工资、保险、养老金扣缴、假日工资等其他类的成本都必须分门别类地计入成本中心。

于是，所有在会计系统里有记录的成本都能通过成本种类和相关人员来进行区分和识别。由于让相关人员切实知道了哪些成本费用是与自己有关的，这就为授权建立了基础。

所有的可变成本都应该直接计入各个成本中心，除此之外，还有一些可变成本也同样可以计入成本中心。共用的部分可变成本以及管理费计入相关负责人成本中心。例如，场地费可以分配到设备管理专用的成本中心。然后，可以通过分配使成本能够体现出来。

成本的分配通常依据一些标准进行，例如，场地费可以通过场地占用面积大小来进行分配，而人员部门费用则可以根据各部门人员多少来进行分配。

6.2.3 成本计算

我们仍然以鑫源公司为例，来讲解关于成本的计算。

张明最近升职为鑫源公司售后咨询部门的团队领导，这个部门的工作主要是处理销售订单询问，部门的业务变化主要取决于询问订单量的大小。表 6-3 是张明所在部门一季度的成本报表。

表 6-3 鑫源公司一季度成本报表 万元

项 目	1月	2月	3月	本年度截至目前
业务量	**5100**	**4 915**	**5 550**	**15 565**
		工资及相关成本		
工资	15 000	15 700	16 100	46 800
职工保险	1 500	1 570	1 610	4 680
养老金	750	785	805	2 340
工资单其他支付内容	375	393	403	1 171
出差及津贴	200	210	175	585
车辆费	0	0	0	0

续表

项　目	1月	2月	3月	本年度截至目前
招聘	0	750	0	750
员工福利	200	20	50	270
培训	150	0	900	1 050
临时员工	900	450	0	1 350
小计	19 075	19 878	20 043	58 996
		设备		
租金	750	750	750	2 250
费用	400	400	0	800
服务	250	400	250	900
维修	0	150	0	150
保洁	150	150	150	450
小计	1 550	1 850	1 150	4 550
		行政		
电信费用	450	350	400	1 200
办公用品	350	250	500	1 100
信息技术成本	550	550	500	1 600
邮递费	150	200	150	500
其他行政费用	0	120	50	170
小计	1 500	1 470	1 600	4 570
		管理		
管理费	1 000	1 000	1 000	3 000
折旧费	400	400	400	1 200
保险	300	300	300	900
财务成本	375	375	375	1 125
小计	2 075	2 075	2 075	6 225
合计	**24 200**	**25 273**	**24 868**	**74 341**

人工成本和行政成本是直接计入成本中心的，而管理费、设备成本是从总成本中心分配过来的。

6.3 成本核算方法

6.3.1 单位成本模式

生产型企业在为产品定价时，企业的管理层需要知道产品的成本都有哪些，他们也需要了解市场价格，单位成本模式就是为了体现这样的成本信息而设计的。该模式与第 5 章所讲的成本报表的原理是相同的。在很多情况中，首先将成本集合成总数，然后除以产品数量，就得出了单位成本（如表 6-4 所示）。

表 6-4　订书机的定价建议　　元

直接元件的成本	5.40
45 分钟的组装成本（10 元/小时）	7.50
包装成本	0.60
直接成本	13.50
间接成本（分摊）	1.50
生产成本	15.00
营销成本（分摊）	2.00
直接分销成本	1.10
研发成本（分摊）	1.00
行政及其他管理费用（分摊）	0.90
总成本	**20.00**
利润	4.00
建议零售价格	24.00

6.3.2 项目成本模式

单位成本计算模式对于以项目形式运作的企业就不适用了，尤其是建筑公司、顾问公司和广告公司等。原因在于大项目的成本很难套入每月或者每年的会计期间。所以，通常采用项目成本模式来计算项目全过程中的成本。

这类模式建立在员工时间分配体系的基础上，将员工的工作时间分配到项目成本中，情况基本如表 6-5 所示。

表 6-5 ×项目的成本统计表 元

项目	金额
项目收入	500 000
成本	
设计阶段	
120 人/工作日（200 元/天）	24 000
测试过程费	10 000
设计阶段小计	34 000
主要开发阶段	
2 000 人/工作日（150 元/天）	300 000
分包商费用	50 000
备用金（10%）	35 000
主要开发阶段小计	385 000
完成阶段及保修	
试运转成本	10 000
保修（销售价值的 2.5%）	12 500
最后阶段小计	22 500
项目成本合计	**441 500**
项目利润	**58 500**

6.3.3 盈亏平衡分析

在分析了产品总体成本、利润中心总体成本以及企业整体成本的常见模式之后，会得出以下的坐标图：图 6-1 代表的是固定成本的模式（即无论产量如何，这部分成本保持不变）。图 6-2 则在原有的固定成本基础上加入了可变成本，从而形成总体成本。最后的图 6-3 增加了销售收入。销售收入和成本合计的交叉点就是盈亏平衡点，它代表的是当销售收入等于成本时的销售量。如果销售量曲线处于平衡点左侧（即低于盈亏平衡点），就表示亏损；相反，如果销售量曲线处于平衡点右侧（即高于盈亏平衡点），就表示盈利。通过这种方法制作各种相关图表，有利于掌握销售量，从而实现利润目标。

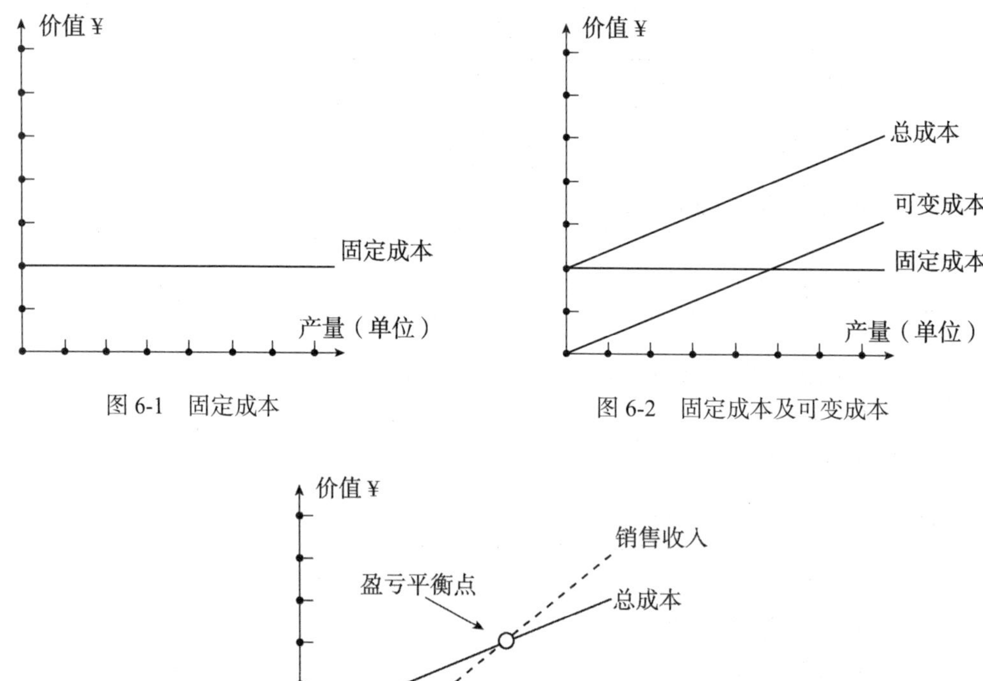

图 6-1　固定成本

图 6-2　固定成本及可变成本

图 6-3　盈亏平衡点

固定成本和可变成本与盈亏平衡点之间的关系随企业业务性质的不同而变化。资本密集型企业（大量投资在地产、厂房和设备的企业）的固定成本很高，因此盈亏平衡点也就很高；劳动密集型企业的可变成本波动很大，因此盈亏平衡点很低。最通俗易懂的例子就是出售同样货物的百货公司和邮购公司。百货公司通常在主要街道，场地费高昂，而且每个部门都有库存，营业时间还必须动用营业人员，而人员的固定成本又相当高。相反地，邮购公司仅仅需要少量人手和产品目录就够了，公司办公地点可以选择相对便宜的场地，公司也不用库存陈列品，所以盈亏平衡点自然要比百货公司低。

6.3.4 其他成本计算方法

除了上文提到的几种成本计算方法外，在某些行业还会使用其他一些成本计算的方法，例如标准成本计算法、边际成本计算法、机会成本计算法等。

1. 标准成本计算

以产品为基础的企业，传统上采用标准成本计算方法作为计划控制的依据。这种方法不仅预计间接成本，而且直接材料和直接人工等也是按预计的数字来计算的，这种成本的计算方法也常被称为“标准成本制度”。

标准成本是指在正常和高效率的运转情况下制造产品的成本，而不是指实际发生的成本。标准成本计算首先要建立一套标准的产品成本“档案”。成本“档案”同样适用于服务类行业，例如，可以建立一套处理客户询问的标准成本“档案”。

标准成本具有下列一些用途。

（1）标准成本可用于控制成本。标准成本为评价管理人员工作的好坏——把实际已经做的和应该做的进行比较提供了基础，如果是顺差，表示经营的结果优于预期；而如果是逆差，则表示经营的结果不如预期。这种差额的计算对分析和控制成本是非常重要的。

（2）用于决策。标准成本通常用来作为确定销售价格的基础，特别是在确定不属于同批产品的销售价格时，更要以标准成本为基础。

（3）使成本计算更合理。同样的产品有同样的成本。

（4）减少成本会计的工作量。

2. 边际成本计算

边际成本计算仅仅考虑可变成本，这一方法基本上只用在以下情况：计算超出盈亏平衡点的额外活动的成本，也称“变动成本计算”。

以前面 6.3.1 谈到的订书机成本模式为例，进行边际成本计算时，考虑的仅是生产额外产品时发生的成本，只有生产成本和分销成本才适用于边际成本计算方法，其中边际成本如表 6-6 所示。

表 6-6　订书机边际成本表　（单位：元）

项目	金额
生产成本	13.50
直接分销成本	1.10
边际成本	**14.60**

所以，单位产品的边际成本为 14.60 元，而完全成本则是 20 元。

步骤与方法　安全边际计算

安全边际是指盈亏临界点以上销售量，即现有销售量超过盈亏临界点的差额。它标志着从现有销量或预计可达到的销量到盈亏临界点还有多大的差距。这个差距说明现有或预计可达到的销售量再降低多少，企业就会发生亏损。这个差距越大，说明企业发生亏损的可能性越小，企业的经营就越安全。安全边际可以用绝对数表示，也可以用相对数表示。

（1）用绝对数表示的安全边际，其计算公式如下：

安全边际 = 现有（或预计可达到）的销售量–盈亏临界点的销售量

（2）用相对数表示的安全边际，又称为安全边际率，它是用安全边际除以现有或预计可达到的销售额所得的比率。其计算公式如下：

安全边际率 = 安全边际/现有（或预计可达到）的销售量

3. 机会成本计算

运用机会成本计算方法来评估投资是业务决策的一种方法，这种方法以提出“是否有比计划书的提议更好地利用投资方式”一类问题为基础。一个典型的例子是“我把这笔资金投入到国债将获得的回报比投入到这个项目更多吗？”

本章小结

通过本章的学习，我们知道了成本的类型和影响成本的主要因素，学习了可控成本和非可控成本的概念，掌握了建立业务成本模式的方法，了解了单位成本计算模式、项目成本计算模式，知道了如何进行盈亏平衡分析，并在本章的最后学习了标准成本计算方法、边际成本计算方法和机会成本计算方法的概念。

思考与练习

1. 在生产型的企业中，成本分为哪几类？每一类都包括哪些成本？

2. 什么是成本中心？请思考你所在的团队哪些成本属于可控成本，哪些成本属于非可控成本？

3. 单位成本模式和项目成本模式的区别是什么，分别适合什么样的企业？

4. 什么是盈亏平衡分析？思考哪些企业的盈亏平衡点高，为什么？

5. 其他计算成本的方法有哪些？如何运用？

第7章 财务预算

学习目标

1. 了解层次计划
2. 了解财务预算中的职业道德和会计的基本原则
3. 掌握财务预算的内涵和形式
4. 掌握团队领导进行财务预算的过程
5. 重点掌握财务预算的技巧
6. 重点掌握改进预算的辅助手段

学习指南

预算和财务预算是大家经常能听到和用到的词汇。比如对个人来说，人们在存钱准备度假或购车时会谈到“预算”；对国家来说，年度预算是财政部长负责，在预算时需要考虑如何让整个国家的财政盈亏平衡。在商业环境下，表面上看财务预算仅是会计部门的工作，但预算过程的重要性还在于它提供了回顾业务运作过程的机会。本章从对层次计划的回顾开始，层次计划是计划体系中的一种方式，它使财务预算层层渗透到企业的各个部分；然后讲解财务预算的内涵、形式和编制技巧；其中还涉及团队领导进行财务预算的过程。

关键术语

层次计划　财务预算　曲棍式预测　财务预算技巧　财务预算辅助手段

7.1 层次计划

在较大型的企业里，财务预算不过是层次计划中的一个环节。层次计划的最上层是业务总监确立的通过“企业宗旨”或“企业目标”等表述的总体业务方向，有时会伴随有一个战略计划。战略计划通常是一个企业在 3~5 年内如何实现目标的远景规划。财务预算是战略计划的具体表现，旨在全面完成战略计划的年度任务。图 7-1 展示了整个层次计划的内容，表示战略计划过程（中列）与外部的投入（左列）和实际实施过程中的内部反馈（右列）之间的相互关系。

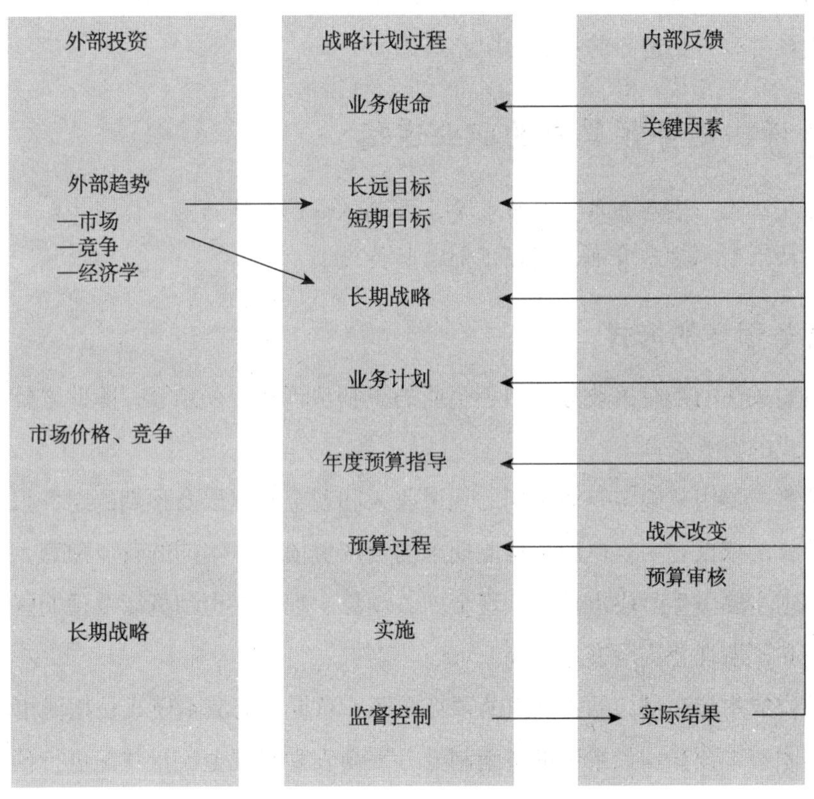

图 7-1 层次计划

7.2 财务预算

财务管理的环节包括财务预测、财务决策、财务预算、财务控制和财务分析等。财务预算与财务预测、财务决策及控制等环节的关系是：财务预算需要以财务预测的结果为根据，比财务预测更具体；财务预算必须服从决策目标的要求，同时财务预算使决策目标具体化、系统化、定量化；而且，财务预算是财务控制的先导。

具体来说，财务预算是一系列专门反映企业未来一定预算期内预计财务状况和经营成果，以及现金收支等价值指标的各种预算的总称。它包括现金预算、预计利润表、预计资产负债表和预计资金流量表。

财务预算中有需要遵守的重要的职业道德。

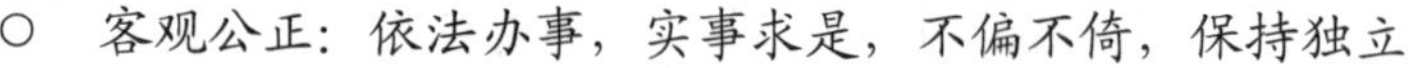

道德与素养 财务预算中的职业道德

○ 客观公正：依法办事，实事求是，不偏不倚，保持独立

○ 坚持准则：熟悉准则，遵循准则，坚持准则

7.2.1 财务预算的形式

本章主要关注的是有关业务部门和企业的盈利预算和亏损预算，除此之外，其实还有一些其他形式的财务预算。

财务预算主要用来确定企业预期的现金收入和现金支出以及预期的财务报表，它是编制企业总预算的依据之一。一般根据上期末的资产负债表、本期的营业预算、资本支出预算等编制。它主要由生产成本预算、现金回收预算、现金支出预算以及预期资产负债表、预期损益表和预期现金流量表等组成。

○ 单位成本和项目计划：这里的预算和第 6 章提到的成本模式是相辅相成的；

○ 编制资本预算：如果不准备编制盈亏平衡表和对现金流量状况进行预测，企业的预算就不是一个完整的预算。为此，我们有必要对车辆或计算机等资产项目购置进行预算。

很多企业要求把完成资本预算表作为年度预算编制过程中的一部分。

7.2.2　团队领导的财务预算

团队的领导者可能会在一定程度上参与设计企业的战略计划项目，但是他们更有可能参与准备年度财务预算的过程。团队领导准备财务年度预算的过程如下所述。

步骤与方法　财务预算的步骤

1. 第一步：财务部门发布预算指导
   - 管理方向和目标；
   - 主要假定解释（例如加薪假定或通货膨胀）；
   - 填写表格。
2. 第二步：参与预算人员对预算因素进行分析
   - 在预算期间内会产生影响的外在因素；
   - 有哪些内部因素和我们的预算有关（尤其是关键的成本动因）；
   - 对于效率和生产力进行预测的方法。
3. 第三步：填写并提交预算表格
4. 第四步：调整并审核总体预算
5. 第五步：如结果能够接受，通过预算审核；如结果不能让人接受，返回预算表格并进行修正（通常需要降低成本），再从第二步开始重新进行整个过程

我们继续以鑫源公司为例，来学习团队领导者可能涉及的费用预算表（如表 7-1 所示）。

表 **7-1**　鑫源公司预算报表　　万元

项　目	1 月	2 月	3 月	一季度
业务量	4 900	4 800	5 150	14 850
工资及相关成本				
工资	15 000	15 000	15 800	45 800
项　目	1 月	2 月	3 月	一季度
职工保险	1 500	1 500	1 580	4 580

续表

项　目	1月	2月	3月	一季度
养老金	750	750	790	2 290
工资单其他支付内容	375	375	395	1 145
出差及津贴	100	100	100	300
车辆费	0	0	0	0
招聘	0	0	900	900
员工福利	100	100	100	300
培训	300	300	300	900
临时员工	900	900	0	1 800
小计	19 025	19 025	19 965	58 015
		设备		
租金	750	750	750	2 250
费用	400	400	0	800
服务	300	300	300	900
维修	50	50	50	150
保洁	150	150	150	450
小计	1 650	1 650	1 250	4 550
		行政		
电信费用	350	350	350	1 050
办公用品	300	300	300	900
信息技术成本	550	550	550	1 650
邮递费	175	175	175	525
其他行政费用	100	100	100	300
小计	1 475	1 475	1 475	4 425
		管理		
管理费	1000	1 000	1 000	3 000
折旧费	400	400	400	1 200
保险	275	275	275	825
财务成本	450	450	450	1 350
小计	2 125	2 125	2 125	6 375
合计	**24 275**	**24 275**	**24 275**	**73 365**

以下是预测内容：

- ○ 业务量（决定部门员工设置的最大因素）预期上升。原有的临时人员在三月份时将被一名增添的正式员工所替代；
- ○ 设备成本评估将由设备部经理提供；
- ○ 一般行政成本由财务总监提供；
- ○ 行政费用是基于上年实际费用的趋势进行预测的。

7.3 财务预算编制技巧

在做财务预算时，需要注意提高绩效，同时应避免曲棍式预测问题（如图7-2所示）。

许多预算经常是无效的，因为没有任何实际证据能证明"影响本预算的某种情况"已经确实发生，最典型的例子就是对销售量的预测。如：预算是在生产力得到改善的假设下进行的，并没有事实支持，预算自然就不能通过论证。这种情况分别表现为以下两种情形：

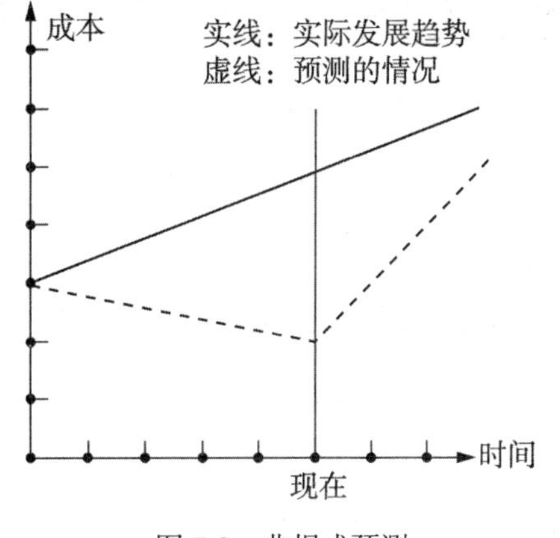

图7-2 曲棍式预测

（1）情形一：仅仅在上一年度预算的基础上增加一定百分比的预算。这是假定了"业务照旧"，通过一个"基础"预算凑合做出的预算；

（2）情形二：盈亏不平衡的预算通常是为了满足财务预算目标而临时砍掉某项预算造成的。这种现象在预测销售量增加时尤其可能产生，但是为实现销售量增加必须支出的费用如广告宣传费用等并未计算在内。

步骤与方法 预算的辅助手段

- ○ 围绕关键性预测（假定）展开灵敏度分析

预算往往是建立在一些关键性的预测或假定（如销售量预测）的基础上。但是肯定有人会问“如果实际销售量比预期少 10%的话，会有什么情况发生？”“万一实际销售量比预期多 10%的话，又会有什么样的结果？”“如果我们订购的新计算机系统不能按时交货，会产生哪些额外成本？”等诸如此类的问题。对此，应该准备一套应急措施，以处理任何可能的预算风险。

○ 对新生事物或者重大变化做出理性判断

在做预算时，一定要遵循会计谨慎性原则，需要对新生事物或者可能出现的重大变化做出理性的判断。

同时你需要了解财务预算的编制中遵守的会计的基本原则。

步骤与方法　会计的基本原则

- 客观性原则；
- 可比性原则；
- 明晰性原则；
- 历史成本原则；
- 实质重于形式原则；
- 权责发生制原则；
- 及时性原则；
- 划分收益性支出与资本性支出原则；
- 配比性原则；
- 相关性原则；
- 一惯性原则；
- 谨慎性原则；
- 重要性原则。

下面的案例中，对“千年穹顶”观光人数的预测就是非常不切实际的，严重违背了会计谨慎性的原则。

案例与讨论 “千年穹顶”的预测

《福布斯》杂志评出了世界上最“难看”的十大建筑，英国伦敦的“千年穹顶”居然高居榜首，这很难让人相信。这个耗资7亿多英镑、设计科学、造型华美并凝聚了当代诸多科技和智慧的“世纪工程”竟然会落得如此下场。据有关报道称，自2000年年末千年穹顶被迫关闭以来，仅各种基本的维持费用几近3 000万英镑，为了让它彻底“退役”，也耗资1 000万英镑。迄今，英国已经为这座大厦扔掉了近8亿英镑。

“千年穹顶”是英国为迎接新千年的到来而在首都伦敦南部建造的一座标志性建筑，又称千年宫。这座占地63公顷、直径为325米的多功能娱乐建筑因其耗资巨大、游人不足而不得不于2000年12月31日关闭。高达几百万英镑的维护费使政府陷入频遭抨击的尴尬境地，首相布莱尔也不得不承认建造千年宫是个巨大的错误。据悉，一些英国商业巨头有意投标收购千年宫及其周围的60公顷用地，其中一家企业有意将它改建为一个生物医学研究中心。而在建造前，许多专家曾预测这座大厦的建立将吸引许多的观光者从而产生良好的经济效益。

问题：

在“千年穹顶”项目建设前，预算做的是否合理？为什么？

总结：

如前面“步骤与方法”中所讲的一样，在做预算时，一定要遵循会计谨慎性原则，对新生事情或者可能出现的重大变化做理性的判断，而不能盲目夸大。否则将带来严重损失。

学习完本章的知识后，下面的训练与练习将帮助你进一步熟练预算编制的方法。

训练与练习　预算编制

问题：

通过以上学习请回答下面问题：

（1）业务的预算编制过程是怎样进行的？

（2）对于编制过程，有何改进的意见？

总结：

在编制预算的过程中，组织可以先对收入和资源需求做出预测，根据预测开始编制预算，然后对预算的执行进行监督。

本章小结

通过本章的学习，我们知道了对于大型企业如何进行分层次的财务计划，了解了财务预算应遵守的职业道德和会计的基本原则，学习了团队领导进行财务预算的方法，学习并掌握了财务预算的改进技巧和财务预算的基本形式。

思考与练习

1. 财务预算在层次计划中的作用是什么？
2. 团队领导如何进行财务预算？
3. 改进预算时应注意的问题有哪些？
4. 改进预算的辅助手段包括哪些？

第 8 章　差异分析的效果

学习目标

1. 了解预算控制和差异分析
2. 了解其他预算控制因素
3. 掌握最佳绩效模式
4. 重点掌握通过预算改善绩效的方法

学习指南

经过前面的学习，我们已经对财务管理有了大致的了解。最后，我们将通过差异分析来回顾预算控制过程。差异分析是用来对实际绩效和预测绩效之间的差异进行检验的程序，它为我们进行预算控制提供了相关信息。在这一章中，我们将深入探讨差异分析的运用方式，同时将介绍最佳绩效模式，并探讨团队领导者提高企业业绩的方法。

关键术语

预算控制　差异分析　预算控制因素　最佳绩效模式　改善绩效

8.1　预算控制和差异分析

预算控制是根据预算对实际盈亏所进行的控制，它是指导财务收支、明确经济责任、衡量工作成果的有效措施。通常的做法是：根据既定经营政策和实际情况，结合企业内部分工制度，事先制定各项收支的预计数，以指导实际收支，并定期地将实际收支数与预计数比较，查考、分析其间差异发生的原因，据以采取措施，加强控制。

采用预算控制和差异分析，既有利于既定经营政策和目标的实现，又可为修订政策提供必要的资料和指导。

从上面预算控制的方法可以看出，预算实施后，只有在与执行结果的对比中，才能看到预算的真正价值。实际结果与预算推测结果之间的出入就是所谓的差异，差异分析是一项重要任务。尽管有时候造成差异仅仅是由于计划不周密，但总体来说，造成差异的原因是多种多样的，典型的原因包括以下几点。

- 业务级别的改变：直接成本可能会受此影响。
- 价格或成本的差别：价格（成本）的预测与实际成本（价格）之间的差别。
- 效率或生产力因素：在假定的效率或生产力基础上建立预算成本。例如，预测销售小组每月能够卖出 20 个产品，而实际上只卖出了 18 个，这就是销售生产力的预测逆差。
- 计划外支出。

对差异进行分析，可以给经理和业务主管们提供有章可循的信息。特别要注意的是，分清楚差异是一次性的还是一种趋势的开始是至关重要的，这样做的目的是减少逆差的发生，并扩大有利因素。

我们还是回到鑫源公司的例子上，看看其三月份的差异报告（如表 8-1 所示）。

从表 8-1 可以看到，张明的部门当月及本季度都超出预算了，在这种情况下，应该在本月的管理会上解释造成主要差异的所有原因。以下摘自张明对主要差异做出的解释：

（1）总体业务比预计发展得快，所以第一季度超出预算 4.8%；

（2）由于业务量增加，所以新员工招聘计划提前，本季度薪水支付增加了 1 200 元，

表 8-1　鑫源公司三月份差异报告　　万元

差　异　报　告

部门：售后咨询部

项目	预算	实际	差异	本年度截止至目前为止			
				预算	实际	差异	差异率（%）
业务量	5 150	5 550	（400）	14 850	15 565	（715）	4.8
工资及相关成本							
工资	15 800	16 100	（300）	45 800	46 800	（1000）	2.2
职工保险	1 580	1 610	（30）	4 580	4 680	（100）	2.2
养老金	790	805	（15）	2 290	2 340	（50）	2.2
工资单其他支付内容	395	403	（8）	1 145	1 170	（25）	2.2
出差及津贴	100	175	（75）	300	585	（285）	95.0
车辆费	0	0	0	0	0	0	0.0
招聘	900	0	900	900	750	150	16.7
员工福利	100	50	50	300	270	30	10.0
培训	300	900	（600）	900	1 050	（150）	16.7
临时员工	0	0	0	1 800	1 350	450	25.0
小计	19 965	20 043	（78）	58 015	58 995	（980）	1.7
设备							
租金	750	750	0	2 250	2 250	0	0.0
费用	0	0	0	800	800	0	0.0
服务	300	250	50	900	900	0	0.0
维修	50	0	50	150	150	0	0.0
保洁	150	150	0	450	450	0	0.0
小计	1 250	1 150	100	4 550	4 550	0	0.0
行政							
电信费用	350	400	（50）	1 050	1 200	（150）	14.3
办公用品	300	500	（200）	900	1 100	（200）	22.2
信息技术成本	550	500	50	1 650	1 600	50	3.0
邮递费	175	150	25	525	500	25	4.8
其他行政费用	100	50	50	300	170	130	43.3
小计	1 475	1 600	（125）	4 425	4 570	（145）	3.3

续表

差 异 报 告							
部门：售后咨询部							
项目	预算	实际	差异	本年度截止至目前为止			
				预算	实际	差异	差异率（%）
管理							
管理费	1 000	1 000	0	3 000	3 000	0	0.0
折旧费	400	400	0	1 200	1 200	0	0.0
保险	275	300	25	825	900	75	9.1
财务成本	450	375	75	1 350	1 125	225	16.7
小计	2 125	2 075	50	6 375	6 225	150	2.4
合计	**24 815**	**24 868**	**53**	**73 365**	**74 340**	**975**	**1.3**

但同时减少雇用的临时人员数，降低了 450 元的成本，此外招聘成本也比预期减少了 150 元；

（3）由于年度保险费比预计高，所以每月的保险费比预期的高出 25 元；

（4）由于利率比财务部门预计低，所以财务费用比预计（75 元）少。

除了例子中提到的几个因素，其他因素也可以用于预算控制。不同的企业有不同的财务报告表现形式，但是都可能涵盖以下几方面内容。

○ 其他非财务因素：除了业务因素之外，在实际中的报告可能包括员工数量、生产力效率因素或其他绩效表现的指标。

○ 比率及（或）百分比：在某些业务中一定比率及（或）百分比是关键的指标。

○ 图表结果：在图表中通常可以更容易地显示变化趋势。

○ 与上年结果的比较：提供一项相对的指标。

○ 全年预测：除了差异分析，有些企业会要求在一年中不断对预算进行修正，即采取弹性预算。

8.2　改善绩效

8.2.1　最佳绩效模式

由于绝大多数企业都有“不断降低成本”的要求，所以团队领导要能够提供改善成本效率的建议。在业务、效率和质量之间一定要保持平衡，如图 8-1 表现的“最佳绩效模式”所述。

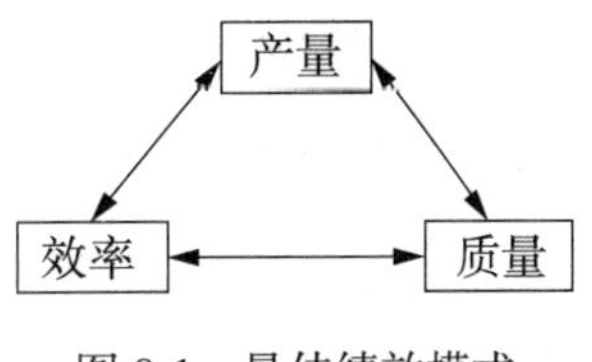

图 8-1　最佳绩效模式

对于团队领导来说，可以通过提高效率或生产力从而在一定程度上降低成本。要注意的是，这里的“一定程度”不能是以牺牲业务量或者质量为前提。团队领导应该努力把握如何实现最佳平衡。

8.2.2　绩效的改善方法

团队领导可以利用以下方法改进成本效率。

○　减少浪费：有些采购项目是否非买不可？有没有可以避免的内部服务项目？

○　提高绩效：在同样成本的基础上取得更多的业务，或者在取得同样业务的基础上降低成本。值得一提的是，在后一种方法里，只有成本确实降低了才能提高效率。

○　改善质量：绝大多数情况下，改善质量总是能提高成本效率。正如上文已经提到的，改善质量甚至对管理也会产生正面影响，同时能够降低费用。例如，如果发票金额总是正确的，客户的疑问就会减少，付款也会及时。

本章小结

通过本章的学习，我们知道了预算控制和差异分析的方法，然后补充了解了其他预算的控制因素和最佳绩效模式，最后学习了如何通过财务预算改善绩效。

思考与练习

1. 哪些原因可能导致预算与实际结果产生差异？
2. 团队领导者可以通过哪些方法改善经营绩效？

大 作 业

指导：

○ 如果你们团队目前还没有做成本预算，那么就用下面的表格来编制一份预算吧。你只需要填入预算项（你可以对它进行调整以适应自己实际的预算标题），然后列出你做的主要预测。

○ 如果你已经做了团队预算，那么只需要列出主要的预测内容，剩下的工作就是审核预算。突出那些容易造成差异的预算项，并且提出降低差异发生频率的可行措施。

成本预算审核表

月　份	1	2	3	4	5	6	7	8	9	10	11	12	合计
业务活动动因													
直接的业务成本													
薪水成本													
设备													
其他成本													

总结：

成本预算是团队领导必须掌握的技能，需要在实践中不断学习体会，才能不断得到提高。

单 元 测 试

一、单选题

1. 下面（　　）类型的企业盈亏平衡点比较高。

   A. 房地产公司　　B. 连锁超市　　C. 快递公司　　D. 家政服务公司

2. 如果公司在一年当中不断地对预算作出调整，这种预算可以成为（　　）。

   A. 全年预算　　B. 不定期预算　　C. 不可控制预算　　D. 弹性预算

3. 王总计划改进公司的财务预算，（　　）方法将有利于他实现这个目标。

   A. 利用一种成本计算方法　　B. 对关键性预测展开灵敏度分析

   C. 编制财务预算　　D. 在上一年的销售量增加一定百分比的预算

4. 公司为争求与其他公司合作拟向工程发包方的有关人员支付好处费 8 万元，公司市场部持公司董事长的批示到财务部领取该笔款项。财务部经理李某认为该项支出不符合有关规定，但考虑到公司主要领导已做了批示，遂同意拨付了款项。下面对李某做法的认定中，正确的是（　　）。

   A. 李某违反了爱岗敬业的会计职业道德要求

   B. 李某违反了参与管理的会计职业道德要求

   C. 李某违反了客观公正的会计职业道德要求

   D. 李某违反了坚持准则的会计职业道德要求

5. 下列表述正确的是（　　）。

   A. 资产价值的减少就是资产折旧，所有的资产经过一定的年限都会折旧掉所有的价值

   B. 无论哪种类型的企业，它们的成本都分为直接成本、间接成本、管理费用三种

   C. 所有者权益是指企业所有的资产减去所有的负债

D. 成本中心的设置是指员工个人负责自己的成本和费用

6. （　　）是不随产品数量的变化而变化的。

A. 生产成本　　B. 原材料　　C. 直接成本　　D. 固定成本

二、案例分析

某生产企业生产产品 A。其固定资产投资为 100 万元，生产一件产品 A 的直接成本为 5 元。此企业将产品价格定为 9 元。该企业第一年的销售数量为 20 万件。经历过第一年的市场宣传，市场对该产品有了认识，需求有了很大的增长，但是现有设备的生产能力只有 25 万件，预计今年的市场需求为 30 万件。

面对如此大的需求，企业必须增加一台设备，每台设备的价格是 25 万元，但是，由于技术的进步，根据预测，以后市场对这种产品的需求会有所下降（不计折旧）。

1. 根据这个案例，该企业在第一年的利润是（　　）元。

A. –20 万　　B. 20 万　　C. 60 万　　D. 80 万

2. 公司在第一年的盈亏平衡点的销售数量应该是（　　）元。

A. 30 万　　B. 25 万　　C. 15 万　　D. 20 万

3. 根据这个案例，你认为该企业今年（　　）增加设备。

A. 应该　　B. 不应该　　C. 不确定　　D. 增不增加都可以

4. 根据上述案例可以看出，企业在做出新的投资决策前应该对市场需求进行（　　）。

A. 预测　　B. 预算　　C. 控制　　D. 分类

第Ⅲ单元　工 作 环 境

每年因为在工作场合吸入石棉纤维而死亡的至少有 9 万人；因为在工作环境不佳而患癌症死亡的人占肺癌死亡人数的 1/10；因为在工作环境吸入化学物质苯患上白血病的人数以千计；保证员工的健康和安全，使他们即使在较大压力和劳动强度下也能拥有健康、确保安全。企业应给人才的生存、成长提供优越的环境和条件，推动人力资源的良好发展。企业应创造出一个“爱护人才”的良好社会氛围，真正去调动员工的积极性，在人才竞争日益激烈的今天，使企业能保留住一支素质良好且有竞争力的人才队伍。对企业而言，建立良好的工作环境才是吸引和留住人才的关键。

健康和安全问题始终围绕着我们，因为这都是人最基本的需求。大家在生活中的安全与健康意识都比较强，这不是本单元讨论的重点。我们讨论的重点是工作环境中的安全。学习如何确保健康与安全的工作环境。

我国有许多相关的法律法规对如何确保工作环境的健康和安全做出了各种规定，它强制性要求避免或减少意外事故的发生，要求建立专门的制度和措施，从而使人们在工作中能够具有基本的安全保证。我们的社会和企业也通过各种方法和措施来预防工作中发生事故，实现员工的健康和安全。

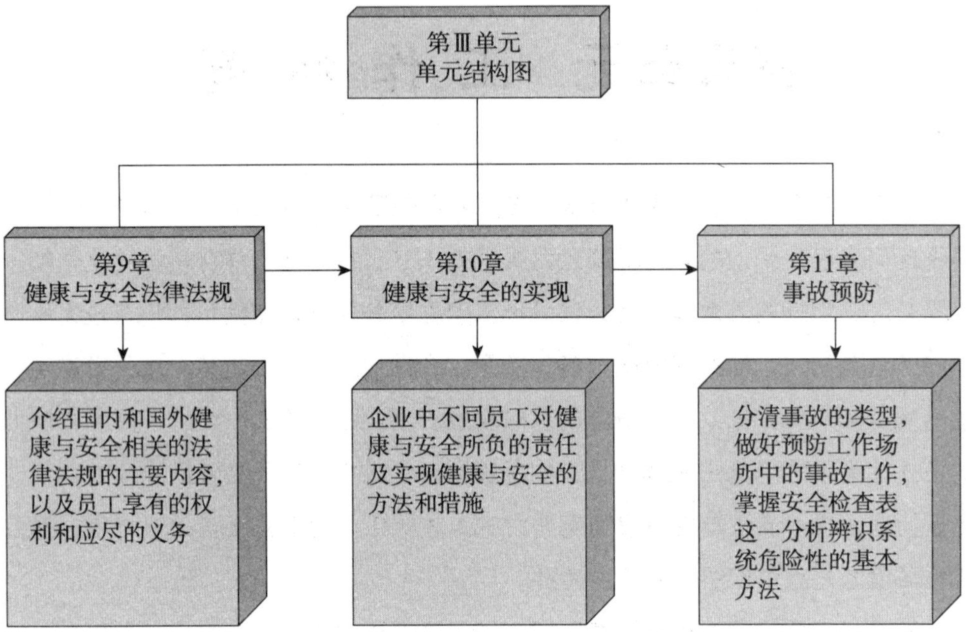

第Ⅲ单元
单元结构图

第9章
健康与安全法律法规

介绍国内和国外健康与安全相关的法律法规的主要内容，以及员工享有的权利和应尽的义务

第10章
健康与安全的实现

企业中不同员工对健康与安全所负的责任及实现健康与安全的方法和措施

第11章
事故预防

分清事故的类型，做好预防工作场所中的事故工作，掌握安全检查表这一分析辨识系统危险性的基本方法

第 9 章　健康与安全法律法规

学习目标

1. 了解健康与安全法律法规的重要性
2. 了解国外健康与安全相关的法律法规
3. 掌握我国健康与安全相关的重要法律法规
4. 重点掌握法律规定职工享有的权利和应尽的义务

学习指南

无论是在国内还是国外，政府都对工作中的健康与安全做出了各种规定，强制执行以保障员工的各种权利。结合我国实际和自己工作，学习和掌握这些知识，提高自己的法律意识。

关键术语

健康　安全　法律法规　权利　义务

9.1　健康与安全法律法规的重要性

与过去相比，企业领导和员工的法律意识都有了很大的提高，对如何依法保护自身的合法权益等有关的法律知识也有了一定的了解。但是，依法行使权利从理论上把握不难，而如何落实到行动上，真正做到学以致用，却绝非易事。尤其是员工的法律意识偏低，有的甚至没有法律意识。当自己的合法权益受到不法侵害时，不懂得依法维护，保障自己的合法权益，反而采取忍气吞声或采取非法报复等手段，这些行为都是错误的。无论是领导还是普通员工都应该有依法办事、依法治理的觉悟，要依法保障自己的合法权益，正确行使自己的权利。

案例与讨论　出差受到伤害应该认定为工伤吗

张先生在上海出差时住进了一家旅馆，一天晚上，小偷跑到张先生的房间里实施偷窃时被张先生发现，张先生与小偷厮打中，张先生头部受伤。为了治伤，共花去医疗费7 000多元，其中张先生个人承担4 000多元，剩余部分由这家旅馆承担。

问题:

张先生所在企业应该为张先生出差期间受到伤害负责吗?

总结:

《工伤保险条例》中规定，职工因公外出期间，由于工作原因受到伤害或者发生事故下落不明的，应当认定为工伤。所以，张先生出差期间受到伤害应该认定为工伤。

9.2　权利与义务

9.2.1　职工享有的安全生产保障权利

1. 求偿权

求偿权指获得安全保障、工伤保险和民事赔偿的权利。主要包括以下几个方面：

（1）享有工伤保险和伤亡赔偿的权利；

（2）企业必须为职工缴纳工伤社会保险费和给予民事赔偿；

（3）发生生产安全事故后，职工有权依照劳动合同和工伤保险有关规定，享有相应的补偿金；

（4）职工获得工伤保险补偿和民事补偿的金额标准、领取和支付程序必须符合法律、法规和国家的有关规定。

案例与讨论　出游受伤

员工小黄在单位组织的春游中，不慎摔伤，共花费医疗费 12 000 元，小黄认为此次活动是单位组织的，应算工伤。单位则称，是职工自己不小心，而且不是在工作岗位上，单位不能为其申请工伤。

问题：

1. 此种情况是否属于工伤？
2. 该案例给你什么启示？

总结：

1. 职工并非在工作过程中受伤，旅游活动也不涉及工作内容，而主要是职工单位给职工的福利待遇，职工在旅游过程中发生意外，是自己没有注意安全导致的，所以不属于工伤的范畴。

2. 对公司从业人员来说，任何情况下都要树立安全意识，善于用法律捍卫自己的合法权益。具体来说：（1）提高安全意识，树立安全观念。对待周围有可能发生危险的事物采取谨慎科学的态度，因为正确地树立安全意识是安全工作开展的基础；（2）法律必须遵守，同时法律又是保护企业和广大劳动人民根本利益的武器。如果从业人员的权利受到侵犯，就可以拿起武器加以维护。

2. 知情权

企业有义务在与职工签订的劳动合同中明确告知其所从事的工作的危险因素和事故应

急措施。否则，企业就侵犯了职工的权利，由此产生的一切后果应由企业负责。

案例与讨论　员工翻窗坠楼成伤残

曾先生是某广告公司的员工。2005 年，公司组织在上南路 505 室聚餐，隔壁 506 室门不慎被关。其经理试图拔开 506 室的窗户，没有成功。曾先生提出从 505 室的窗台通过空调外机爬到 506 室，经理没有制止。在攀爬过程中，曾先生不慎从窗口坠落，经诊断为重型颅脑损伤、腰椎椎体多发性粉碎性骨折伴不全瘫痪，后遗症相当于交通事故八级伤残。

问题:

曾先生所在的公司应该为这起事故负责吗?

总结:

在广告公司组织的聚餐中，曾先生为帮助被告公司打开宿舍门而爬窗台，经理明知危险而未阻止。曾先生在经理默许情况下进行危险作业而高空坠落，视为在雇用活动中受伤。法院一审判决公司赔偿曾先生医疗费、误工费、精神损害抚慰金等 24 万余元。

3. 检举建议权

检举建议权指有对安全生产问题提出批评、建议的权利。

每一个职工都是企业的主人，职工有权对本企业安全生产管理工作存在的问题提出建议、批评、检举、控告，企业不得因此做出对职工不利的处罚。

4. 拒绝权

拒绝权指对管理者做出的违规（法律、法规、制度、标准）指挥，职工有权拒绝执行，为了保障拒绝者的权益，《安全生产法》第五十一条明确规定：“生产经营单位不得因从业人员对本单位安全生产工作提出批评、检举、控告或者拒绝违章指挥、强令冒险作业而降低其工资、福利等待遇或者解除与其订立的劳动合同”。

5. 紧急避险权

紧急避险权是指紧急情况下停止工作和紧急撤离的权利。

职工在行使这项权利的时候必须明确以下几点：紧急情况必须有确实可靠的直接根据，凭借个人猜测的应除外；紧急情况必须已经直接危及人身安全；在间接危及人身安全的情况时，应采取尽可能减少伤害和财产的临时措施；采取措施无效后，再撤离工作环境。

同样，《安全生产法》第五十二条也明确规定企业不得因职工紧急撤离危险现场而给予降低工资、福利等待遇或解除合同。

9.2.2 职工应尽的安全生产保障义务

职工在享有获得安全生产保障权利的同时，也负有以自己的行为保证安全生产的义务。主要包括如下几点。

1. 遵章守纪、服从管理的义务

企业安全管理人员有权依照规章制度和操作规程进行安全管理，监督检查职工遵章守纪情况，对于这些安全生产管理措施，职工必须接受并服从管理。依照法律规定，职工不服从管理，违反安全生产规章制度和操作规程的，由企业予以批评教育，依照有关规章制度给予处分；造成重大事故，构成犯罪的，依照刑法等有关规定追究刑事责任。

2. 接受安全生产教育和培训，掌握本职工作所需要的安全生产知识

作为一名合格的职工必须具备熟练的安全生产技能，以及对不安全因素和事故隐患、突发事故的预防、处理能力和经验。但是在现实中，部分企业不搞安全培训和应急预案演练，导致职工缺乏应有的安全素质，因此违章违规操作酿成的事故比比皆是。为了确保职工接受培训、提高安全素质的法定义务，《安全生产法》第五十五条予以明确规定："从业人员应当接受安全生产教育培训，掌握本职工作所需的安全生产知识，提高安全生产技能，增强事故预防和应急处理能力"。

3. 发现事故隐患应当及时向企业安全生产管理人员或主要负责人报告

企业职工往往是事故的第一受害人，许多生产安全事故都是由于受害者本人在现场发现事故隐患和不安全因素后没有及时报告，以致延误了采取措施进行紧急处理的时机而导致的。所以，为了自身的安全，一定要尽职尽责，及时报告发现的事故隐患和不安全因素，以便尽早处理和消除。

训练与练习　权利与义务的关系

职工小王认为，职工在生产过程中只要享受权利就行了，至于义务就让别人履行吧；而职工小李认为，职工要积极履行义务，权利不要也行。

问题：

这两种说法对吗？为什么？

总结：

马克思说过这样一句话："没有无义务的权利，也没有无权利的义务。"懂得如何履行义务才能依法享有权利、依法行使权利，同样不知道自身权利也很难正确履行义务。在日常工作中，常常有很多人对义务了解不多，对履行义务的意义也知道的不多，甚至会有履行义务是别人的事，履行义务与自己无关的想法；同时也有部分人体会不到职工权利的神圣不可侵犯，当自身受到不公正的待遇时，不能够积极利用法律手段加以抗争。这两种想法都是不对的。

因此，在日常工作中，要按照法律的规定享有自己的权利并履行自己应尽的义务。

9.3　我国重要法律法规

9.3.1　七部法律

我国出台了多部和安全与健康相关的法律法规，表9-1对七部重要的法律做了简单的介绍。

表 9-1　七部法律

法　律	部 分 内 容
《刑法》（2011.5.1.）	1. 从事交通运输的人员违反规章制度，因而发生重大事故，致人重伤死亡或者使公私财产遭受重大损失的，处三年以上七年以下有期徒刑； 2. 工厂、矿山、林场、建筑企业或者其他企业、事业单位的职工，由于不服管理、违反规章制度，或者强令职工违章冒险作业，因而发生重大伤亡事故，造成严重后果的，处三年以下有期徒刑或者拘役；情节特别恶劣的，处三年以上七年以下有期徒刑； 3. 违反爆炸性、易燃性、放射性、毒害性、腐蚀性物品管理规定，在生产、储存、运输、使用中发生重大事故，造成严重后果的，处三年以下有期徒刑或者拘役；后果特别严重的，处三年以上七年以下有期徒刑； 4. 国家工作人员由于玩忽职守，致使公共财产、国家和人民利益遭受重大损失的，处五年以下有期徒刑或者拘役
《安全生产法》（2014.12.1）	1. 强调企业是安全生产主体，企业法定代表人是安全生产第一责任者； 2. 企业要建立各项安全保障制度； 3. 从业人员享有安全生产的权利，还有应尽的义务； 4. 安全生产要靠社会监督； 5. 提供“安全中介机构”的服务； 6. 对生产事故的应急救援和调查处理作了规定
《劳动合同法》（2008.1.1）	1. 劳动合同双方当事人的权利和义务，保护劳动者的合法权益； 2. 用人单位建立和完善劳动规章制度时需经工会和职工的同意； 3. 关于劳动合同关系的建立与书面劳动合同的订立； 4. 用人单位与劳动者协商一致，可以订立无固定期限劳动合同； 5. 关于试用期的规定； 6. 劳动者对危害生命安全和身体健康的劳动条件，有权对用人单位提出批评、检举和控告； 7. 关于劳动者可以解除劳动合同情形； 8. 关于经济性裁员的规定； 9. 劳动者合法权益受到侵害的，有权要求有关部门依法处理，或者依法申请仲裁、提起诉讼

续表

法　　律	部分内容
《工会法》（2001.10.27）	1. 关于企业克扣职工工资所采取的措施； 2. 关于企业不提供劳动安全卫生的处理措施； 3. 关于随意延长劳动时间的处理办法； 4. 关于侵犯女职工和未成年工特殊权益的规定； 5. 其他严重侵犯职工劳动权益的规定
《职业病防治法》（2011.12.31）	1. 获得职业卫生教育、培训的权利； 2. 获得职业健康检查、职业病诊疗、康复等职业病防治服务的权利； 3. 了解作业场所产生或者可能产生的职业病危害因素、危害后果和应当采取的职业病防护措施的权利； 4. 要求用人单位提供符合防治职业病要求的职业病防治设施和个人使用的职业病防护用品，改善工作条件的权利； 5. 对违反职业病防治法律、法规以及危及生命健康行为提出批评、检举和控告的权利； 6. 拒绝完成违章指挥和强令没有职业病防护措施的作业的权利； 7. 参与用人单位职业卫生工作的民主管理，对职业病防治工作提出意见和建议的权利
《消防法》（2009.5.1）	1. 针对本单位的特点对职工进行消防宣传教育； 2. 组织防火检查，及时消除火灾隐患； 3. 按照国家有关规定配置消防设施和器材、设置消防安全标志，并定期组织检验、维修，确保消防设施和器材完好、有效； 4. 保障疏散通道、安全出口畅通，并设置符合国家规定的消防安全疏散标志
《建筑法》（1998.3.1）	1. 建筑施工企业和作业人员在施工过程中，应当遵守有关安全生产的法律、法规和建筑行业安全规章、规程，不得违章指挥或者违章作业； 2. 对建筑安全事故隐患不采取措施予以消除的，责令改正，可以处以罚款；情节严重的，责令停业整顿，降低资质等级或者吊销资质证书；构成犯罪的，依法追究刑事责任； 3. 建筑施工企业的管理人员违章指挥、强令职工冒险作业，因而发生重大伤亡事故或者造成其他严重后果的，依法追究刑事责任； 4. 建筑施工企业应当在施工现场采取维护安全、防范危险、预防火灾等措施；有条件的，应当对施工现场实行封闭管理

训练与练习 掌握相关法律法规

问题：

○ 你知道这些法律并了解和你的工作相关的条款吗？

○ 安全与健康相关的法律法规对职工的影响有哪些？

总结：

每一个职工必须做到“懂法”“守法”。一方面要积极学习国家有关安全生产的法律、法规、条例；在享受国家赋予自身权利的同时，积极履行安全生产方面的义务；另一方面要将法律知识落实到企业安全管理全过程、落实到日常的一言一行当中，以消除不安全行为为目标，避免和减少事故发生。

案例与讨论 下班途中被歹徒打伤 企业是否有责任？

小严下夜班回家途中行至家属区院内某楼下，遭到一位窜入院内的不明身份歹徒的袭击。该女职工的手提包被抢去（包内有手机、少量现金等物），头部被重物打伤住院治疗。

问题：

女员工所在的企业是否应对这起事故负责？

总结：

这起事故应该属于刑事案件。该员工所在的单位不应为此事负责。

9.3.2 八大法规

表 9-2 八个法规

法 规	内 容
《工伤保险条例》（2004.1.1）	1. 职工因工作遭受事故伤害或职业病进行治疗，享受工伤医疗待遇； 2. 工伤职工因日常生活或就业需要，经劳动能力鉴定会确认，可以安装或配置必要的扶助器具，所需费用按照国家规定的标准从工伤保险基金支付； 3. 工伤职工停工留薪期间，原工资福利待遇不变，由所在单位按月支付； 4. 工伤职工已经评定伤残等级并经劳动能力鉴定委员会确认需要生活护理的，从工伤保险基金按月支付生活护理费； 5. 职工因工致残被鉴定为七级至十级伤残的，从工伤保险基金按伤残等级支付一次性伤残补助金； 6. 工伤职工旧伤复发确认需要治疗的，享受工伤医疗待遇； 7. 职工因工死亡的，其直系亲属领取丧葬补助金，供养亲属抚恤金和一次性工伤补助金
《职业健康监护管理办法》（2002.5.1）	1. 不得安排未经上岗前职业健康检查的劳动者从事接触职业病危害因素的作业；不得安排有职业禁忌的劳动者从事其所禁忌的作业； 2. 不得安排未成年工从事接触职业病危害的作业；不得安排孕期、哺乳期的女职工从事对本人和胎儿、婴儿有危害的作业； 3. 应当组织接触职业病危害因素的劳动者进行定期职业健康检查；发现职业禁忌或者有与所从事职业相关的健康损害的劳动者，应及时调离原工作岗位，并妥善安置； 4. 组织接触职业病危害因素的劳动者进行离岗时的职业健康检查； 5. 及时将职业健康检查结果如实告知劳动者； 6. 建立职业健康监护档案
《生产安全事故报告和调查处理条例》（2007.6.1）	1. 划分了事故等级； 2. 落实事故报告的责任； 3. 明确了事故报告的时限和渠道； 4. 规定了事故报告的内容； 5. 建立值班制度

续表

法　　规	内　　容
《建设工程安全生产管理条例》（2004.2.1.）	1. 垂直运输机械作业人员、安装拆卸工、爆破作业人员、起重信号工、登高架设作业人员等特种作业人员，必须按照国家有关规定经过专门的安全作业培训，并取得特种作业操作资格证书后，方可上岗作业； 2. 将施工现场的办公、生活区与作业区分开设置，并保持安全距离；办公、生活区的选址应当符合安全性要求；职工的膳食、饮水、休息场所等应当符合卫生标准；不得在尚未竣工的建筑物内设置职工集体宿舍；施工现场临时搭建的建筑物应当符合安全使用要求；施工现场使用的装配式活动房屋应当具有产品合格证； 3. 为施工现场从事危险作业的人员办理意外伤害保险；意外伤害保险费由施工单位支付
《特种设备安全监察条例》（2003.6.1）	1. 对特种设备范围的规定； 2. 使用单位应当使用符合安全技术规范要求的特种设备。不得使用土制、私自改造、夸大功能和报废等的特种设备； 3. 要建立特种设备安全技术档案； 4. 对在用特种设备进行经常性日常维护保养，至少每月进行一次自行检查，并作出记录； 5. 使用单位应当设置安全管理机构或者配备安全管理人员； 6. 特种设备作业人员及其相关管理人员，应当按国家有关规定经特种设备安全监督管理部门考核合格，持证上岗； 7. 特种设备需要定期检验，未经定期检验或者检验不合格的特种设备，不得继续使用
《使用有毒物品作业场所劳动保护条例》（2002.5.12）	1. 职工对职业中毒危害有知情权； 2. 向职工提供合格防护用品，设置沐浴间和更衣室，并设置清洗、存放或者自理从事使用高毒物品作业劳动者的工作服、工作鞋帽等物品的专用间； 3. 因有毒作业患职业病可享受工伤待遇； 4. 未进行职业健康检查不得解除劳动合同； 5. 用人单位发生分立、合并、解散、破产等情形的，应当对从事使用有毒物品作业的劳动者进行健康检查，并按照国家有关规定妥善安置职业病病人
《烟花爆竹安全管理条例》（2006.1.11）	1. 当对生产作业人员进行安全生产知识教育，对从事药物混合、造粒、筛选、装药、筑药、压药、切引、搬运等危险工序的作业人员进行专业技术培训； 2. 从事危险工序的作业人员经考核合格，方可上岗作业

续表

法　　规	内　　容
《放射工作人员职业健康管理办法》（2007.11.1）	1. 对放射工作人员上岗前健康检查、在岗期间健康检查、离岗时健康检查、应急照射或事故照射健康检查和医学救治方面用人单位的责任做出规定； 2. 对职工定期健康检查的频度，对职业健康检查中发现的不宜继续从事放射工作的人员、需要复查和医学观察的放射工作人员、疑似职业性放射病病人等情形时的用人单位的安置、处理和报告等义务做出规定； 3. 放射工作用人单位承担放射工作人员职业健康检查、医疗救治和医学随访的费用； 4. 对放射工作人员职业健康检查结果有告知义务和时限； 5. 对孕妇、哺乳期妇女应采取的特殊保护措施

9.4 国外相关法律法规简介

9.4.1 职业卫生法规的分类

19 世纪以来，西欧一些国家开始制定《工厂法》，进入 20 世纪，职业卫生立法有了较大发展，一方面，在立法内容上逐步提高卫生标准，改善作业条件；另一方面，也从《工厂法》和《劳动法》过渡到专门的《职业卫生法》。工业比较发达的国家，从《劳动法》到《职业病防治法》等都建立了一套比较完整的职业卫生法规，如西方发达国家，苏联及一些欧洲国家和国际组织等，现在全世界约有 70 多个国家和地区制定了有关职业卫生的法规，如表 9-3 所示。

表 9-3　职业卫生法规分类

法律名称	国家或地区	特　　点
《劳动法》	英国、德国、法国、芬兰、日本、中国台湾等	原则性较强，缺少详细条款
《卫生法》	苏联、阿尔及利亚、朝鲜、罗马尼亚等	职业卫生内容较全面，比劳动法有更强的可操作性

续表

法 律 名 称	国家或地区	特　　点
《职业卫生或职业安全卫生法》	芬兰、美国、英国、加拿大、南非、瑞典、古巴、澳大利亚、阿尔及利亚、希腊、日本、中国台湾、中国香港等	目的明确，条款清晰，劳资各方的义务、权利、政府职能、职业卫生服务内容、预防性卫生监督等规定都比较详细，而且多数有实施细则，可操作性较强
《职业病法或尘肺病法》	日本、智利、德国、芬兰等	主要调整因某种职业而患职业病以后的健康监护(治疗、康复等)、医疗费用、赔偿等涉及劳资各方的关系。政府等有关部门的监管职责比较清楚。没有从源头杜绝职业危害的法律规定
《矿山与采石场安全卫生法,煤矿安全卫生法》	英国、美国、印度、南非、中国台湾等	涉及在特定行业或工种中的职业卫生问题，不适用于其他行业或工种
《国际公约或建议书》	ILO(国际劳工组织)、欧洲共同体	这是一种建议性的规定，对各成员国政府或团体没有强制性要求，提出的标准，各成员国可以执行，也可参考执行。欧洲有些国家如果没有制定相关法规，一般就以此为标准

9.4.2　职业卫生法规的主要内容

由于各国的法规涵盖的范围不同，内容差异也就较大，简要介绍如下所述。

1. 劳动者的权利与义务

国外相关法律法规对劳动者的权利与义务所做的有关规定如表 9-4 所示。

表 9-4　劳动者的权利与义务

权　　利	义　　务
1. 作业场所有获得保护身体不受危害的权利； 2. 在具有危害因素的工作场所，劳动者又没有能力解决时有权拒绝工作； 3. 工作中出现危及生命安全卫生时，因停止作业而不需承担任何责任(包括经济、设备损坏)；	1. 必须遵守企业的各项规章、制度、国家的有关法规、标准等； 2. 必须按照雇主的要求做好自身的职业卫生防护； 3. 配戴因特殊需要而提供的个人防护用品；

续表

权利	义务
4. 有获得工作场所有害因素信息的权利； 5. 有获得健康监护，不需付医学检查费用的权利； 6. 有获得职业卫生培训，不需付培训费的权利； 7. 劳动者对自身的职业危害有申诉保险赔偿权利； 8. 对患有职业病的病人或受到职业危害而未得职业病的劳动者有索赔或追溯索赔的权利； 9. 因职业卫生防护得不到保障，劳动者具有举报权； 10. 有知晓雇主对职业危害因素采取防护措施的权利	4. 发现不利于职业卫生的生产和保护系统及时向职业卫生专业人员、企业医生汇报； 5. 参与改善工作环境和健康促进的活动； 6. 参加职业卫生服务中规定的健康检查； 7. 患职业禁忌证时，不能从事相应的职业； 8. 保护工作场所涉及其他人的职业卫生行为

2. 用人单位的权利与义务

国外相关法律法规对用人单位的权利与义务所做的有关规定如表 9-5 所示。

表 9-5　用人单位的权利与义务

权利	义务
1. 有权要求劳动者遵守国家有关法律、法规、标准及其企业的各项规章制度； 2. 有权对有关标准申请暂缓执行或对其不合理性进行申诉； 3. 对劳动者不按要求或违章操作而造成的损失有拒绝赔偿的权利； 4. 有要求提供职业卫生服务的权利	1. 遵守国家有关法律、法规及卫生标准； 2. 为劳动者提供符合职业卫生标准要求的工作环境和场所，以及适应生理和精神需求的装置和设施； 3. 为劳动者提供必要的职业卫生培训； 4. 为劳动者提供有效的个体防护用品； 5. 为劳动者提供职业卫生服务，包括工作中可能对劳动者产生职业危害的信息，健康监护和因工伤、职业病而致残的健康管理、康复等； 6. 提供有效的应急救援措施； 7. 公布作业场所职业危害的信息，并提出预防的措施和治理的计划； 8. 依法承担因职业危害而对劳动者身体健康造成危害的赔偿责任； 9. 对特殊人群(女工、童工)要提供特殊的措施；

续表

权　　利	义　　务
	10. 听取劳动者对作业场所职业卫生的意见、建议及改进措施； 11. 不许泄露劳动者的健康资料； 12. 不许对向有关组织或单位反映职业卫生问题的劳动者打击报复或克扣工资； 13. 100 人以上的企业要设健康委员会，不足 100 人的企业要设职业卫生管理人员

3. 其他权利

（1）受聘的职业卫生专业人员有进行职业卫生监督的义务，包括有害因素的监测、健康评价、防护措施的评价、作业环境的评价、提出整改意见以及对整改效果的评价和建立档案等；

（2）职业卫生服务的组织和提供职业卫生信息的机构受国家或各州卫生委员会的监督；

（3）国家或国家授权的权力机关任命职业卫生监察员，监察员有权进入工作场所进行取样、起诉和发布改进或禁止的通知。

训练与练习　法律规定与工作

问题：

思考前面所论述的健康与安全的法律规定。想一想你在工作中必须遵守哪些法律法规，哪些与你的工作关系不大，并思考你可以采取哪些行动在工作中注重健康与安全问题，如：向管理者咨询、寻求更多信息等，填写表 9-6。

表 9-6　工作中健康与安全问题的思考

健康与安全法规	不需要考虑的要求	可以采取的行动

总结:

你的答案将有助于你完成单元后的大作业。从这个练习中你也可以总结出自己在健康和安全管理方面存在的问题和不足，并能够思考怎样才可以做得更好。

训练与练习　职业道德与法律法规的关系

问题:

思考职业道德与法律法规的异同，填写表 9-7。

表 9-7　职业道德与法律法规的异同

	相同点	不同点
职业道德		
法律法规		

总结:

职业道德与法律法规紧密相连，不可分割。

（1）相同点：都是规范从业人员行为的重要准则。

（2）不同点：职业道德主要起到引导作用，注重事前预防，注重自律；而法律法规是强制推行的，注重事后处罚，注重他律。

本章小结

通过本章学习，了解了我国健康与安全的法律法规体系，并对英国、美国、加拿大、日本等发达国家的健康与安全的法律法规的主要内容有了一个大体的认识。掌握了通过法律手段来保证自己和职工健康与安全的多种方法。

思考与练习

1. 为什么健康与安全的法律法规是重要的?
2. 企业对在放射性场所工作的职工应该提供哪些劳动保护措施?
3. 我国的法律法规中有关于试用期的相关规定吗?如果有,在哪部法律或法规中?
4. 法律规定,从业人员享有的权利有哪些?

第 10 章　健康与安全的实现

学习目标

1. 了解健康与安全管理的重要性
2. 了解绩效管理和健康与安全的关系
3. 掌握企业中不同员工对健康与安全所负的责任
4. 重点掌握实现健康与安全的方法和措施

学习指南

本章我们将对健康与安全管理的重要性以及企业中绩效管理和健康与安全的关系作一个初步的了解，掌握企业中不同员工对健康和安全所负的责任，以及如何实现健康和安全，有哪些具体的方法和措施。

关键术语

安全　健康　责任　现代安全管理　培训教育　安全教育　安全文化　绩效管理

10.1　健康与安全管理的重要性

健康与安全管理不仅是管理活动的一个组成部分，也是管理活动中比较重要的部分。因为它与人身安全和财产的维护息息相关，它所关心的问题是减少事故，防止人身伤害、提高生产效率、不发生有损组织声誉的事件，所以健康和安全管理显得非常重要。

过去，大多数人一直对健康和安全持一种漠视的态度。现在看来，企业和管理者都认为健康与安全已经成为企业文化的一部分。一般而言，对健康与安全持正确态度、并采取合理的健康与安全保护措施，就是对工作及其员工负责，而员工会将质量渗透到每项工作任务当中，包括把健康与安全同质量联系在一起的方法。

道德与素养　健康与安全的重要性

- 健康的劳动力是愉快而又多产的劳动力;
- 对所有人而言，不发生事故的工作场所意味着较好的工作环境;
- 削减事故耗费并减少因健康不佳而缺席的人数，提升劳动生产率;
- 具有健康与安全意识的文化相信以合理的价格生产优质的产品，提供优质的服务;
- 具有健康与安全意识的文化以人为本，以客户/股东为中心;
- 重视健康与安全的组织，可以增强对外交流与合作;
- 良好的健康与安全记录有助于树立组织的对外形象。
- 下面的训练与练习，可以帮助你进一步理解安全和健康给企业带来的好处。

训练与练习　健康与安全的意义

问题:

重新阅读上面所列举的重视健康和安全能够为组织带来的好处，思考你对上述各观点的赞同程度。在你赞同的观点前面画钩。

总结:

有一点非常值得强调——你的组织是否以肯定的态度看待安全工作？质量是否渗入到工作的所有环节中（包括健康与安全）？

案例与讨论　广告公司事故

某广告公司在搭建展台的过程中，搭建了一半的展台突然倒塌，造成6人受伤。

问题:

这类事故发生会给公司带来哪些负面影响?

总结:

1. 打击其他员工工作的积极性，缺乏安全感，造成工作效率降低;
2. 事故导致工程进度滞后，造成经济损失;
3. 人员的伤亡和设备的损失造成严重的经济损失;
4. 造成严重的社会负面影响，打击潜在客户。

10.2　方法与措施

10.2.1　安全管理

安全管理，就是用经济、行政和法律手段，采取切实可行的技术和组织措施，让安全工作渗透于工作的各个环节之中，确保参与生产活动的人、设备和环境处于安全状态。

现代安全管理，就是把现代管理的方法，运用于安全管理之中。具体说，就是应用系统工程理论，定量地分析系统的安全状态，经过比较与评价，提出目标与对策，将系统的危险控制在最低限度。

现代安全管理首先涉及的应该是常规的安全管理，有时候也称之为传统的安全管理，如：安全行政管理、安全监督检查、安全设备设施管理、劳动环境及卫生条件管理、事故管理等。各个企业应该设立适合自己的安全管理模式，不同行业安全生产原则不同，注意事项不同，安全检查也不同；根据实际情况制定适合本企业的安全管理规章制度。如：安全检查制度、“0123”管理法、“014”安全管理法等。

案例与讨论　安全管理模式

案例 1：鞍钢集团首创的“0123”安全管理模式，曾被国内很多企业学习、效仿。“0123”安全管理模式的主要内容：“0”，以人身死亡事故是零为目标；“1”，以一把手负责制为核心的安全生产责任制为保证；“2”，以标准化工作、安全标准化班组建设（简称“双标”）为基础；“3”，以全员教育、全面管理、全线预防（简称“三全”）为对策，做好安全工作，实现安全生产。

案例 2：葛洲坝电厂的“014”安全管理模式。葛洲坝电厂年发电量 157 亿千瓦，是我国目前最大的水力发电基地。葛洲坝电厂针对“冬修、夏防、常年管”的生产特点，在实践中不断摸索总结经验教训，最后确立了一套可行的安全生产管理模式，即“014”安全生产管理模式。“014”安全管理模式的主要内容：“0”，以 0 事故为目标（0 事故）；“1”，以一把手为核心的安全生产责任制作保证（一把手）；“4”，以严防、严管、严查、严教为手段（四严）。

——摘自《现代管理科学》

问题：

通过对上面两个案例的对比研究，你对安全管理有了哪些新的认识？

总结：

1. 安全管理模式是为实现“安全第一、预防为主、综合治理”这一方针而建立的安全管理组织形式和安全生产的行为方式。对人、机、环境各方面的管理，核心是对人的管理。鞍钢集团的“0123”安全管理模式吸收了经典安全管理的精华，同时提炼了企业本身安全生产的经验和运用了现代化安全管理理论。葛洲坝电厂的“014”安全管理模式通过设立事故零目标，由一把手主抓安全，通过一定的组织形式来统一人的认识，规范人的行为，充分发挥人的潜能，强化生产系统的安全性，实现安全生产的目的。

（续）

2. 安全的实现与企业的文明安全生产职业道德基本规范密切相关，因为文明安全生产职业道德基本规范可以提高从业人员的文明安全生产的服务意识；可以提高从业人员职业安全卫生的自律意识；可以提高从业人员保护国家和人民生命财产安全的意识；可以提高从业人员的安全保护的意识；可以提高管理者安全卫生的管理意识。

10.2.2 培训与教育

安全教育如图 10-1 所示。

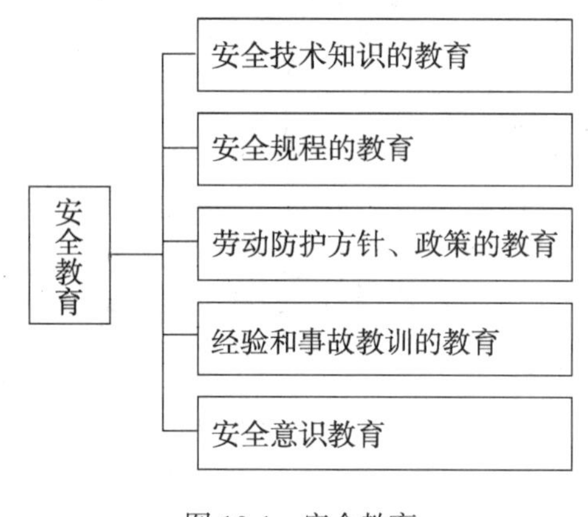

图 10-1 安全教育

1. 安全技术知识的教育

不同行业的安全技术内容都不同，因此，企业要针对自身的特点进行安全技术知识的教育。

2. 安全规程的教育

安全规程是安全生产的经验总结，是员工的生命和鲜血换来的，是保证企业安全生产的法宝。很多事故的发生都是因为没有按安全生产规程的要求进行生产造成的。因此，进行安全规程的教育，是安全教育中很关键的一环。

3. 劳动防护方针、政策的教育

主要是通过所制定的路线、方针、政策实现的。通过法律的形式将生产劳动过程必须遵循的客观规律和技术方法肯定下来，强制人们遵守执行，以防止伤亡事故的发生。因此，对员工进行劳动防护方针、政策的教育是很必要的。

4. 经验和事故教训的教育

经验是员工在长期的实践中总结出来的，它具有普遍性，可以指导安全生产。因此，进行经验的教育，可以提高员工的安全生产能力和安全管理水平。事故是血写的教训，进行事故教育，能使员工警醒，印象深刻，牢记不忘，从而自觉地遵照安全生产规程工作。

5. 安全意识教育

企业中发生的很多事故，都是因为员工的安全意识薄弱、工作责任感不强、纪律松散而造成的。要杜绝人为事故的发生，就必须搞好员工教育，特别是员工的安全意识教育。

案例与讨论　工作族小心“日常体痛”

一项健康调查结果显示：在城市工作族群中，有超过 6 成的人经常腰酸背痛，近 2 成人患有慢性劳损。日常身体疼痛已经成为 33~55 岁人群面临的健康问题。这是记者今天从“相约健康社区行”大型社区健康促进公益活动发布会获得的信息。

北京协和医院曾教授提供的报告说，上海、无锡、深圳等地对 1197 位中年人健康状况的调查结果显示：科技、新闻、广告、办公室人员、教师、演艺人员、出租车司机、售货员、家庭妇女等不同职业人群疼痛状况不同：办公室职员容易出现脖颈部和肩部疼痛，频繁使用上肢负重的体力劳动者肩部关节易受磨损引起持续钝痛；教师等长期站立职业者易造成椎体、椎间盘及周围韧带的退变和松弛；出租司机、家务劳动者易腰肌劳损；过度肥胖易使腰部失去力量支持，加重劳损。这些都是身体疼痛的原因。

问题：

工作族如何预防日常体痛？

总结：

人们在日常工作和生活中，应树立健康的观念预防疼痛：注意坐与站的姿态，改善工作方式、生活习惯，加强体育锻炼；在工作时应注意经常做些简单运动；如果运动中身体部位感到疼痛，应该赶紧停下来，彻底让肌肉放松。

10.2.3　三级安全教育

在进行教育前，首先要明确教育的对象。不同的对象安全教育的目的也不同，比如对新员工要做好三级教育。即企业级教育、部门或车间级教育和班组级教育。新上岗的员工（包括合同工、员工、实习人员等）必须进行不少于 3 天的三级安全教育，经考试合格后方可分配工作。

步骤与方法　三级安全教育

1. 企业级安全教育

- 讲解党和国家有关安全生产的方针、政策、法律、法规，讲解劳动防护的意义、任务、内容及基本要求；
- 介绍本企业的安全生产情况；
- 介绍企业安全生产的经验和教训，结合企业和同行业常见事故案例进行剖析讲解，阐明伤亡事故的原因及事故处理程序等；
- 提出希望和要求。

2. 部门或车间级安全教育

- 介绍本部门或车间生产特点、性质；
- 根据部门或车间的特点介绍安全技术基础知识；
- 介绍消防安全知识；
- 介绍部门或车间安全生产和文明生产制度。

3. 班组级安全教育

- 介绍本班组生产概况、特点、范围、工作环境、设备状况，消防设施等。重点介绍可能发生伤害事故的各种危险因素和危险部位，可用一些典型事故实例去剖析讲解；

- ○ 讲解本岗位使用的机械设备、工器具的性能，防护装置的作用和使用方法；讲解本工种安全操作规程和岗位责任及有关安全注意事项；
- ○ 讲解正确使用劳动防护用品及其保管方法和文明生产的要求；
- ○ 实际安全操作示范，重点讲解安全操作要领，边示范，边讲解，说明注意事项，并讲述哪些操作是危险的、是违反操作规程的，使员工了解违章将会造成的严重后果。
- ○ 新上岗员工只有经过三级安全教育并经逐级考核全部合格后，方可上岗。三级安全教育成绩应填入员工安全教育卡，存档备查。

训练与练习　定期的安全教育

问题：

你所在的企业对员工进行定期的安全教育吗？

总结：

为保证安全生产顺利进行，避免发生事故，避免因人为操作失误而带来的损失，不管是新员工还是老员工，或是特种设备的操作人员，都要接受定期的安全教育。

10.2.4　安全文化

提高每个员工的安全素质是保障安全生产、管理、技术的根本因素。员工的素质提高了，很多不安全的操作行为自然会改。比如说一个企业经营者安全素质提高了，安全意识能跟上现代社会发展的步伐，他自然会认为应该投入资金改进安全设施，所以不仅要通过改进管理、进行安全培训等手段来改善安全状况，还要通过建设安全文化，来提高企业员工的安全素质。

在企业，要形成“安全第一”的良好氛围，做到处处可见醒目的安全标志牌和安全标语警句，安全通道清洁畅通，设备见本色，无环境污染，生产作业规范标准，现场光线明亮，对错误行为能批评指正，人人感到违章违纪是可耻的。这种浓厚的安全生产气氛能够起到动员人们注意安全的作用，对一切与安全环境要求相悖的行为还能起到扼制作用，通过宣传教育培训等手段传播安全文化，使广大员工把安全工作提高到安全文化的高度来认识，从而建立正确的安全人生观、安全行为规范和道德标准。

10.3 健康与安全的责任

10.3.1 团队领导的责任

团队领导在健康与安全管理中责任重大，必须做到以下十项规定：

- ○ 维护建筑、机器和设备的安全；
- ○ 做出适当的规定确保工作环境安全，免除健康风险；
- ○ 确保有害物质得到适当的处理并安全贮藏；
- ○ 对工作场所的重大危险进行风险评估，实施有效的管理措施；
- ○ 报告并调查事故；
- ○ 提供需要的信息、培训和监督，确保员工的健康与安全；
- ○ 与工作场所的每个人合作，确保健康与安全；
- ○ 与相关小组进行交流，以促进并建立能确保员工健康与安全的措施；
- ○ 计划、实施、监控并检查健康与安全管理措施并对健康与安全的行为进行归纳整理；
- ○ 使用“专门人员”协助处理健康与安全事务。

下面的训练与练习，将帮助你了解团队领导要认真履行职业责任，做好本职工作。

训练与练习 认真履行职业责任，做好本职工作

问题：

作为一个团队领导你的行为是否符合上面所列举的团队领导的责任？

总结：

领导对健康与安全负有不可推卸的责任，做到这些是对领导必须的要求。因此，团队领导需认真履行职业责任，做好本职工作。

10.3.2　员工的责任

- ○　关心自己在工作中的健康与安全，并关心他人的健康与安全；
- ○　努力合作，履行法律义务；
- ○　遵循安全规则、系统和程序；
- ○　正确使用工作设备；
- ○　及时汇报工作场所的健康与安全隐患。

通过下面的训练与练习，帮助你了解员工的职业道德与责任意识的重要性。

训练与练习　员工的职业道德与责任意识

问题：

- ○　想一想你的员工是否意识到他们具有这些义务？
- ○　为确保他们意识到自己的义务，需要做哪些工作？向他们传达什么信息？

总结：

也许他们没有意识到这些要求，因此，应该考虑如何把这些信息传达给他们。从健康与安全的角度出发，如果能够让员工将主动汇报健康与安全隐患作为职业道德要求的一部分，培养他们的责任意识，则将受益匪浅。

他人包括合同工、生产商、供应商、设计人员等工作人员，包括其他人员在内的所有工作人员，都对涉及工作中的健康与安全事项负有责任。

10.3.3　专门人员与免责人员

“专门人员”（急救人员、健康与安全管理人员、消防管理员等）对健康与安全具有特殊责任。他们能够帮助缓解一些健康与安全管理的压力。你可以把你的某些任务委托给某个有能力的人（如健康与安全管理人员），但你不能委托你的责任或义务。

“专门人员”（如急救人员或职业卫生护士）在某些情况下可能需要特殊资格。然而，“有能力”并不一定完全等同于“有资格”。如果有员工了解健康与安全的法规并愿意学习更多的知识，则他也可以成为“专门人员”。

并非人人对健康与安全具有相同的适应能力，残疾人、孕妇、新手并不像“正常的”员工一样具有健康与安全经验。例如，新手因缺乏经验而不理解危险；孕妇可能不能舒适地坐着或不会平衡地走动，而这恰好特别危险；残疾人也许不能完成某些任务；行动不便的人可能在紧急状态时不能轻易地离开厂房。

对承担责任能力低者，需要给予特殊的关注和提供额外的帮助（诸如特殊培训、重新安排工作任务或使用机械协助）。

下面的训练与练习，旨在帮助你了解对特殊的人群，需要有特殊的处理办法。

训练与练习　特殊要求

问题：

想一想：在你的工作场所是否有需要额外帮助的人？你怎样帮助他（她）？

总结：

对于行动不便的人，可以安排一个“辅助者”，以防紧急情况；对于缺乏工作经验的人而言，确保他们了解健康与安全的重要性之后才让他们执行特定的工作任务；对于孕妇，考虑到她们需要舒适和平衡，可以为她们更换工作位置。总而言之，在某些情况下，可以适当调整员工的工作任务或日程安排。

10.4　绩效管理和健康与安全

管理健康与安全需要和绩效管理结合在一起。也就是说：

- 在工作说明中包括健康与安全；
- 建立绩效性目标；
- 对人们的健康与安全成效进行评估；
- 把不能达到标准或目标的行为与惩戒性程序相结合。

绩效性目标可以是通过培训、减少事故或去除健康不佳、减少程序违背行为（如在没有准许的地方吸烟或承包商不配合已有程序）达到满意的目标。

通过下面的训练与练习，帮助你掌握使用绩效手段，提高健康与安全工作的水平。

训练与练习　检查你的绩效

问题：

仔细检查关于你的健康与安全责任的一览表，并对你的绩效从 1~5 进行打分——1 分最低。

- 维护建筑、机器和设备的安全；
- 保证工作环境安全而没有工作风险，并对员工的福利情况进行了规定；
- 保证有害物质得到适当处理并安全储存；
- 对工作场所的重大隐患进行风险评估，并实施适当的控制措施；
- 报告事故并对事故进行调查；
- 提供必要的信息、指导、培训和控制，确保员工的健康与安全；
- 为了健康与安全，与工作场所中的每个人团结合作；
- 与相关小组进行交流，以促进和发展确保员工健康与安全的措施；
- 计划、实施、监控并检查健康与安全控制活动，并对健康与安全绩效进行记录；
- 使用“专门人员”协助处理健康与安全问题。

总结：

你必须确保能够做好所有方面，安全问题来不得丝毫含糊。低于 5 分的事项说明还有改进的余地。

本章小结

通过本章学习，我们了解了健康与安全的重要性，了解了绩效管理和健康与安全的关系，掌握了在企业中的员工、领导以及其他相关人员在实现安全与健康方面所负的责任，重点掌握了如何实现工作环境中的健康和安全，具体可以采取哪些方法和措施。

思考与练习

1. 为什么健康与安全是重要的？
2. 企业员工在健康与安全方面负有什么责任？
3. 请简要叙述绩效管理和健康与安全的关系。
4. 请谈谈你对企业安全文化的认识。

第 11 章 事 故 预 防

学习目标

1. 了解危险有害因素的辨识
2. 掌握事故的分类和预防事故的原则
3. 重点掌握安全检查表的类型

学习指南

本章主要介绍与事故相关的基本概念和危险有害因素的辨识，在了解了这些后，学习事故是如何分类，如何预防事故，在预防事故的过程中应该遵从哪些原则，以及安全检查表的相关内容。

关键术语

事故　危险性预防分析　安全检查表　预防事故　文明安全生产

11.1 事故的分类

若按行业分类，事故可分为：建筑工程事故、交通事故、工业事故、农业事故、林业事故、渔业事故、商贸服务业事故、教育安全事故、医药卫生安全事故、食品安全事故、电力安全事故、矿业安全事故、信息安全事故、核安全事故等。

根据《生产安全事故报告和调查处理条例》，生产安全事故（以下简称“事故”）按造成的人员伤亡或者直接经济损失，一般分为以下等级，如表 11-1 所示。

表 11-1　生产安全事故按人员伤亡或者直接经济损失分类

特别重大事故	30 人以上死亡，或者 100 人以上重伤（包括急性工业中毒，下同），或者 1 亿元以上直接经济损失的事故
重大事故	10 人以上 30 人以下死亡，或者 50 人以上 100 人以下重伤，或者 5 000 万元以上 1 亿元以下直接经济损失的事故
较大事故	3 人以上 10 人以下死亡，或者 10 人以上 50 人以下重伤，或者 1 000 万元以上 5 000 万元以下直接经济损失的事故
一般事故	3 人以下死亡，或者 10 人以下重伤，或者 1 000 万元以下直接经济损失的事故

11.2　危险有害因素辨识

11.2.1　危险性预先分析

在一项工程活动（如设计、施工、生产）之前，首先对系统存在的危险作宏观概略的分析，或作预评价，就叫作危险性预先分析（Prelininary Hazard Analysis，PHA），又称初步危险分析，或预备事故分析。这种方法是对可能出现的危险类别、危险出现的条件及其可能造成的后果作大概的分析，其目的是判别系统的潜在危险，确定其危险等级，防止采用不安全的技术路线、使用危险性物质、工艺和设备等。如果必须使用，也可以从设计和工艺上考虑采取安全措施，使这些危险性不至于发展成为事故。它的特点是使分析工作做在形成系统之前完成，可避免由于考虑不周而造成的损失。

步骤与方法　危险性预先分析步骤

- 通过经验判断、技术诊断或其他方法调查确定危险源（即危险因素存在于哪个子系统中），对所需分析系统的生产目的、物料、装置及设备、工艺过程、操作条件以及周围环境等，进行充分详细的了解。
- 根据过去的经验教训及同类行业生产中发生的事故（或灾害）情况，对系统的影响、损坏程度，类比判断所要分析的系统中可能出现的情况，查找能够造成系统故障、物质损失和人员伤害的危险性，分析事故（或灾害）的可能类型。

- 对确定的危险源分类，制成预先危险性分析表。
- 转化条件，即研究危险因素转变为危险状态的触发条件和危险状态转变为事故（或灾害）的必要条件，并进一步寻求对策措施，检验对策措施的有效性。
- 进行危险性分级，排列出重点和轻、重、缓、急次序，以便处理。为了评判危险、有害因素的危害等级以及它们对系统破坏性的影响大小，预先危险性分析法给出了各类危险性的划分标准。该法将危险性的划分 4 个等级，如表 11-2 所示。

表 11-2 危险性等级划分表

级别	危险程度	可能的事故后果
I	安全的	不会造成人员伤亡及系统损坏
II	临界的	处于事故的边缘状态，暂时还不至于造成人员伤亡、系统损坏或降低系统性能，但应予以排除或采取控制措施
III	危险的	会造成人员伤亡和系统损坏，要立即采取防范措施
IV	灾难性的	造成人员重大伤亡及系统严重破坏的灾难性事故，必须予以果断排除并进行重点防范

- 制定事故（或灾害）的预防性对策措施。

11.2.2 安全检查表

安全检查表不仅是分析和辨识系统危险性的基本方法，也是进行系统安全性评价的重要技术手段。

根据用途和安全检查表的内容，安全检查表可分为以下几种类型。

- 审查设计的安全检查表。新建、改建和扩建的厂矿企业，革新、挖潜的工程项目，都必须与相应的安全卫生设施同时设计、同时施工和同时投产，即利用“三同时”原则全面、系统地审查工程的设计、施工和投产等各项的安全状况。
- 厂级的安全检查表。主要用于全厂性安全检查，也可用于安全技术、防火等部门

进行日常检查。

- ○ 车间的安全检查表。用于车间进行定期检查和预防性检查的检查表，重点放在人身、设备、运输、加工等不安全行为和不安全状态方面。
- ○ 工段及岗位的安全检查表。用于工段和岗位进行自检、互检和安全教育的检查表，重点放在因违规操作而引起的多发性事故上。
- ○ 专业性安全检查表。此类表格是由专业机构或职能部门所编制和使用的，主要用来进行定期的或季节性的安全检查，如对电气设备、起重设备、压力容器、特殊装置与设施等的专业性检查。

步骤与方法　安全检查表的编制

- ○ 安全检查表应由专业人员、有关部门领导、工程技术人员和员工共同编写，并通过实践检验不断修改，使之逐步完善。
- ○ 安全检查表可以按生产系统、车间、工段和岗位编写，也可以按专题编写，如对重要设备和容易出现事故的工艺流程,就应该编制该项工艺的专门的安全检查表。
- ○ 安全检查表的编制过程，也是对系统进行安全分析的过程。
- ○ 通过对系统的全面分析，结合有关资料，找出系统中存在的隐患、事故发生的可能途径和影响后果等。
- ○ 然后根据有关法规、规章制度、标准和安全技术要求，完成检查表的制定工作。

11.3　预防事故的原则

为了防止安全和健康事故，健康和安全管理委员会给出了可供依循的指导，如下所述。

- ○ 如果可能，避免事故发生。最好的方法不是当事故发生时的补救措施，而是在事故发生前就避免发生。例如，使用无害物质代替有害物质，使用机械起重设备代替人工处理，使用不易燃烧的物质。

- 在不能避免风险的地方，进行风险评估。
- 解决风险的起源——例如，如果地板潮湿，把其擦干而不是使用“地板潮湿”的标语。如果机器损坏，用好机器替换而不是冒险使用。
- 个性化评估——为工作场所存在风险的每个人，独立设计保护他们的个性化措施。设计过程需要和每个人协商，他们更了解危险，因为他们一直与危险打交道。例如：针对计算机工作站的设计时，可以调查从事计算机工作的人，他们更了解自己的坐姿、移动胳膊的方式、凝视屏幕的方式、仰背的方式、需要休息的频率等。
- 利用技术（机械操作比人工处理好），使用安全材料和物质替代危险材料和物质，设计并使用具有更多安全特征的机器。
- 执行防患措施与健康和安全法则息息相关。
- 把劳动保护的措施放在优先的位置——例如，火灾的范围很大，所以把消防措施摆在第一位。

- 提供指导和信息，确保每个员工知道和理解他们的工作任务。
- 按照健康与安全文化四要素积极发展。

通过下面的训练与练习可以帮助你明确防患的原则。

训练与练习　防患的原则

问题：

想一想如何将这些防患的原则应用到你的组织，写下你的看法。

总结：

预防的关键在于积极主动地采取措施，你需要结合实际工作，贯彻和落实这些原则。

11.4　降低风险的原则

促进健康与安全工作，使健康与安全成为管理工作（会议、讨论、培训、评估、资源配置、成效、合同关系等）的一个有机组成部分。健康与安全工作离不开工作环境的发展，这是连续性活动，而不是一次性活动。利用各种积极的手段促进发展，必然可以降低事故的风险。下面先了解一下促进健康与安全的行动有哪些。

步骤与方法　促进健康与安全的行动

- 奖励员工为改进健康与安全而设计新方案；
- 组织竞争；
- 组织学习与培训；
- 设立监督管理制度；
- 请健康与安全专家进行示范工作，如：消防员或警察示范个人安全防护问题，救护人员或职业卫生人员谈论健康问题；
- 学习识别危险的方法；
- 设计海报/传单或 T-恤衫；
- 在工作场所中不安全的东西上，放置能够发声的提醒器；
- 组织问卷或调查；
- 组织“健康与安全知识”测验；
- 组织“健康饮食”活动；
- 组织“关爱健康”活动；
- 组织“防治脊椎问题”活动；
- 练习人工操作技术；
- 组织观看与安全有关的电影或电视活动——HSE（Health-Safety and Environment）有关录像带；
- 发起调查活动，查明你的竞争对手对健康与安全采取什么措施。

在日常生活中经常采取上述这些行动，可以使你建立起注重健康与安全的企业文化。下面的训练与练习要求你了解文明安全生产职业道德基本规范的重要性。

训练与练习　文明安全生产职业道德的重要性

问题：

想一想你所在的公司是否有文明安全生产方面的职业道德规范，这些规范实施后，公司相关人员有哪些意识上的改变？

总结：

文明安全生产职业道德规范产生了以下几方面的重要作用：

提高了从业人员文明安全生产和服务意识；

提高了从业人员职业安全卫生的自律意识；

提高了从业人员保护国家和人民生命财产安全的意识；

提高了从业人员的自我保护意识；

提高了管理者安全卫生的管理意识。

本章小结

通过本章学习，我们了解了事故的基本概念和危险有害因素的辨识，掌握了事故的分类和预防事故的原则，重点掌握了安全检查表的类型和编制。

思考与练习

1. 事故按人员伤亡和直接经济损失可以分为哪几类，分类标准是什么？
2. 什么是危险性预先分析，危险性预先分析的步骤是什么？
3. 预防事故应该遵从哪些原则？

大 作 业

指导：

本作业包括以下两个部分：

第一部分　对你负责的工作范围进行一次彻底的健康与安全调查；

第二部分　完成下列改善工作场所的健康与安全的行动计划表。

第一部分　工作范围内的健康与安全调查

使用下表对你负责的工作范围进行一次彻底的健康与安全调查。

- ○　第一列确认主要问题在哪里：员工、程序、厂房、设备、材料和物资以及计划。
- ○　第二列解释这些问题如不能良好协作、对健康与安全问题的轻视、设备维护不当等。
- ○　第三列说明已经完成的工作，特别是你的角色所能够做的工作。

健康与安全调查表

工作范围内的健康与安全问题	这些问题是什么	应该针对这些问题做些什么工作

第二部分　健康与安全行动计划表健康与安全行动计划表

- ○　完成下列改善工作场所的健康与安全的行动计划表，包括你能够完成的工作，你与他人的谈话内容，以便实施行动计划。
- ○　向你组织中相关的人员（包括生产线管理人员）说明你的调查结果和行动计划，征求意见，并在得到赞成后实施你的行动计划。
- ○　调整你的行动计划，让事态按计划发展。

大 作 业

健康与安全行动计划表

应该完成的工作	需要的资源	向我提供帮助的人以及帮助方法	开始时间

总结：

通过大作业来识别工作中的健康与安全隐患，并形成一系列行动计划。贯彻与实施这个行动计划，可以进一步保证工作中的健康与安全。

单元测试

一、单选题

1. 2013 年 2 月 4 日晚，王南在吃完单位组织的团年饭后，与同事泡温泉时溺死于仅有 1.4 米深的温泉池中。王南家属认为王南在单位组织的团年活动中遭遇不幸，应算工伤，而洗浴中心也应承担相应责任。工作中（　　）可以认定为工伤。

   A. 违章作业导致伤亡的　　B. 因犯罪或者违反治安管理伤亡的

   C. 醉酒导致伤亡的　　D. 自残或自杀的

2. 下面关于员工权利和义务的说法中错误的是（　　）。

   A. 员工发现事故隐患应及时消除

   B. 员工必须接受安全生产教育和培训，合格方可上岗

   C. 员工有权了解工作中的危险因素和事故应急措施

   D. 员工对上级的违章指挥可以拒绝

3. 小张公司某位员工发生了健康与安全方面的事故，如果小张公司为员工投了保险，那么下面（　　）不是公司所应付的代价。

   A. 病假工资　B. 车间及设备的维修费　C. 调查的时间　D. 员工住院费用

4. 在企业全体员工的安全培训中，小李学习到保证企业的健康与安全不仅仅是管理者的事，普通员工也在健康与安全的很多方面负有一定的责任，（　　）不是他应负的责任。

   A. 遵循安全法则　　B. 正确使用工作设备

   C. 汇报工作场所中的安全隐患　　D. 为同事的健康与安全负责

5. 小董是某企业的安全主管，由于厂房的改造和设备的更新，需要编制新的安全检查表以保证企业的消防安全，小董编制的安全检查表属于（　　）。

A. 厂级安全检查表　　B. 车间级安全检查表

C. 岗位安全检查表　　D. 专业性安全检查表

二、案例分析

早晨，小王在上班的路上，为节省时间，他先去了一趟税务局取公司所需发票。在回公司的路上，他乘坐的公交车是一种老式的公交车，车的门把手已经很旧了。下车时司机关车门，启动，他的脚被夹了一下，人也整个摔了下去，小王的脚受到严重损伤，在医院住了多日才逐渐恢复健康，由于公司没有给小王投医疗保险，公交公司又说这不属于他们的过错，他们不应该承担小王的医疗费用。没有办法，小王也不想追究下去，他只好自认倒霉。

1. 根据以上案例，(　　) 应该承担小王的医疗费用。

   A. 公交公司　　B. 小王的公司　　C. 小王本身　　D. 没有正确答案

2. 某公司没有给员工投保，下面（　　）不属于公司因此所损失的代价。

   A. 员工的病假工资　　B. 耽误的生产时间

   C. 由于小王的原因其他员工加班的费用　　D. 员工的医疗费用

3. 根据以上的案例，公交公司如果担负小王的医疗费用，是出于（　　）。

   A. 公交司机应该负的责任　　B. 道德的要求

   C. 法律的规定　　D. 以上答案都不对

4. 为了规避和降低风险，公司应该就以上案例中的情况写入（　　）文件中。

   A. 风险评估　　B. 管理条例　　C. 公司政策　　D. 公司目标

5. 通过（　　）方法可以避免此类事故的发生或将损失降到最低。

   A. 对企业员工进行安全教育　　B. 企业为员工投医疗保险

   C. 公交车在使用前要进行安全检查　　D. 以上都对

第Ⅳ单元　资 源 配 置

“要不惜一切代价把这件事做好!”这句话很有魄力，但却很少在企业中听到。当你听到这句话时，通常企业正处于危机的紧要关头——而事后你往往会发现，这样“不惜一切去做”的代价巨大。因为，资源都是有成本的，企业必须经常衡量得到的结果与耗费的资源是否相当，否则就是得不偿失——这可不是个容易做出的决定。

也许你会认为，只要拥有无限的资源，任何事情都是可以完成的。但是，一方面，无限的资源并不存在；另一方面，即便拥有大量的资源，也并不意味着绝对的成功。要想获得满意的结果，你需要有合适的资源——合适的人才、合适的设备和原料、足够的资金和恰当的信息，同时，你必须能以合适的方法对拥有的资源进行有效管理。

在本单元，你将有机会学习资源配置的相关知识，以便恰当地使用资源，获得成功。本单元主要讲述资源管理包含哪些内容，并且讲述了一个基于计划、组织和控制的资源管理“三步走”的流程。通过这一方法，你将会学习到一些相关的技巧和技术，例如：如何预测需求，如何选择合适的供应商，如何进行时间调度、存货控制和设施维护，以及如何保持良好记录。本单元结束时，你将掌握有效管理资源、实现企业目标的方法。

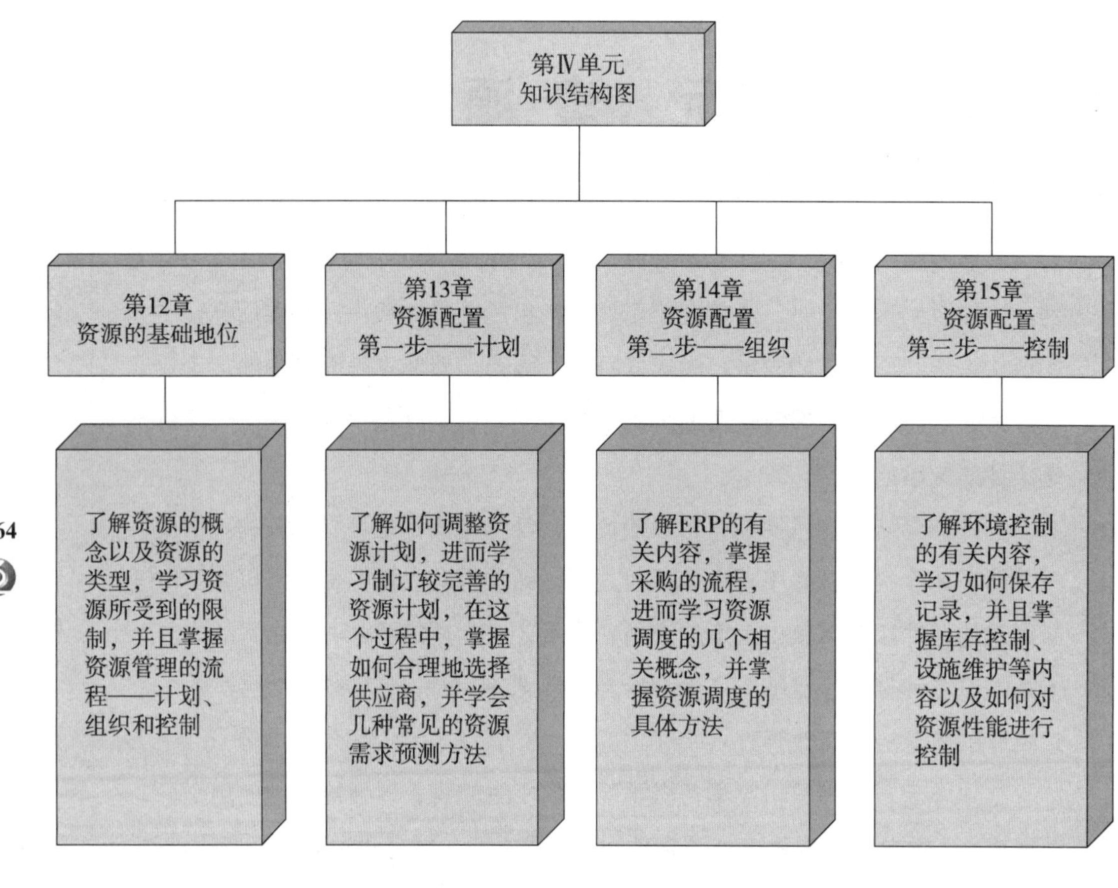
第Ⅳ单元
知识结构图
第12章
资源的基础地位
第13章
资源配置
第一步——计划
第14章
资源配置
第二步——组织
第15章
资源配置
第三步——控制
了解资源的概念以及资源的类型，学习资源所受到的限制，并且掌握资源管理的流程——计划、组织和控制
了解如何调整资源计划，进而学习制订较完善的资源计划，在这个过程中，掌握如何合理地选择供应商，并学会几种常见的资源需求预测方法
了解ERP的有关内容，掌握采购的流程，进而学习资源调度的几个相关概念，并掌握资源调度的具体方法
了解环境控制的有关内容，学习如何保存记录，并且掌握库存控制、设施维护等内容以及如何对资源性能进行控制

第 12 章 资源的基础地位

学习目标

1. 了解主要资源和辅助资源
2. 重点掌握资源的概念和资源的类型
3. 重点掌握资源限制
4. 重点掌握资源管理流程和涉及的关键要素

学习指南

要研究资源管理，首先我们要知道“资源”究竟意味着什么，以及它对于企业的产品开发和服务工作的重要性；然后将学习“资源管理流程”，也就是管理资源的关键措施。同时，在这一章你会学到如何应对资源限制，即在资源不足的情况下，你该怎样完成工作。

关键术语

资源 资源类型 资源管理流程（计划 组织 控制） 资源限制

12.1 资源

12.1.1 资源的概念

所有类型的企业都有生产系统，如图 12-1 所示，这个生产系统将输入（资源）转化成理想的输出（产品或服务）。企业要为它的客户提供产品和服务，同时自己要获得利润。为了实现这个目的，组织需要输入资源。可以说，资源是实现组织目标的手段。

图 12-1 资源在生产系统中的转化过程

- 资源作为"输入"，是产生一切的基础，没有资源，就没有最终产品；没有最终产品，企业也就不能存在。对于这个生产系统来说，"输入"可以是一种原材料、一件半成品或者是另外一个生产系统的成品。
- "转化过程"就是各种商业操作和将原材料转化为产品的生产过程，它包括：

（1）物理过程（例如，制造）；

（2）位置变化过程（例如，运输）；

（3）交易过程（例如，零售）；

（4）存储过程（例如，库存）；

（5）信息过程（例如，电信）。

需要注意的是，这些转化过程并不是互相排斥的，例如：对于一家百货公司来说，它既允许顾客比较价格和质量（信息过程），又要存储货物一直到其卖出去（存储过程），同时它还要销售货物（交易过程）。

- "输出"不仅包括为顾客提供的商品和服务，也包括利润、工资和信息等。

12.1.2 资源的类型

企业在运营过程中所需要的资源主要包括以下几个类型：

- 原料——制造产品所需的、未经加工的原材料；
- 设施——土地、建筑物、设备、机器、车间、加工工具等实物资产；
- 数据——所有被公司收集和存储在数据系统中的、有助于公司做出决策的信息和知识；

- 资金——公司经营所需要的钱，包括现金、参股、拨款、贷款、捐赠等；
- 劳动力——企业的人力资源，例如职员、管理人员等。

几乎所有类型的组织，无论是上市企业、非上市企业还是志愿者组织，基本都拥有这些资源。表 12-1 列举了一些不同的企业在实际的运作过程中所使用的不同资源以及资源在生产系统中的转化流程。

表 12-1　不同类型企业的不同资源及资源转化流程

组织的类型	资　源	转 化 过 程	产　品
农场	种子、牲畜、农场、农业工人、机器	挤奶、田间作物管理、收割、土地管理	牛奶、肉、谷物、蛋
软件公司	代码、数据、IT 技术、高科技办公室	编程、网络开发、研发	软件、网站、产品、职工优先股权
慈善团体	捐赠品、赞助者、募捐活动、志愿者	举办活动、请求捐赠、联络赞助者	善款、善举
警察局	警官、信息系统、证人、公共基金	防止犯罪、破案、逮捕罪犯	证物、犯罪记录
大零售商	职员、批发的货物、超级市场、网站、市场调查	销售零售货物和服务、向客户提供服务	被客户买走的产品、解答客户询问、利润和红利

根据上面讲述的资源的类型，通过下面的训练与练习了解你所在的企业日常的资源运营状况。

训练与练习　企业需要的资源

问题：

根据你所在企业的情形，在表 12-2 中写出企业需要的资源的类型及其转化过程和产品。

表 12-2　企业中的资源分析

企业的类型	资　源	转 化 过 程	产　品

总结：

通过上面的练习，可以清楚地了解企业经营运作所需要的资源，这些资源通过一定的转化过程，最终生产出产品，这样就为管理及调配资源奠定了基础。

12.1.3　主要资源与辅助资源

用于核心业务的资源是主要资源，相对地，为这些核心业务提供支持的资源则是辅助资源。

例如，在汽车制造方面，组成汽车的各种组件和制造这些组件的设备是主要物质资源；土地、建筑设施、车间以及安装设备就是次要（辅助）物质资源。在人力资源方面，一些人是核心人员，比如研发部门、市场部和生产部门的人员；而其他人则是支持人员，比如设备管理部门、财务部门、人力资源（或人事）部门和信息技术部门的人员。

12.2　资源管理

12.2.1　资源管理流程

资源管理可以被视为一个由计划、组织和控制所组成的流程。图 12-2 给出了这一流程和流程的每一个阶段涉及的关键要素：

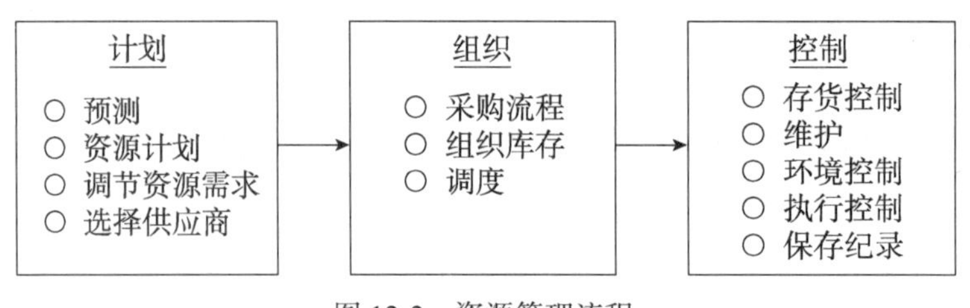

图 12-2　资源管理流程

第 13 章 ~ 第 15 章将分别讨论资源管理流程的各组成部分。

12.2.2　资源限制

在资源管理过程中，非常重要的一点是必须要意识到资源不是毫无限制的，在资源管理方面有着种种限制条件。比如大家有时会感到自己所拥有的人员、信息、设备、原料和资金不够用，产品的质量总不够好。公司的资源受很多因素的限制，例如可行性和成本。而对于单个部门而言，可用的资源受公司对该部门重要性的认识和公司本身资源条件的双方面限制。但是，不管怎样，人们仍然必须在现有的条件下工作。

下面的训练与练习可以帮助你思考组织现有的资源面临哪些方面的限制。

训练与练习　资源的限制与管理

问题：

你所在企业中，人员、信息、设备、原料和资金等资源所面临的限制有哪些？好好思考它们，并在表 12-3 中详细列出，之后想一想它对你的工作有什么影响？这样做的目的是要阐明你所使用的资源的不同类型，以便很容易地确定在哪些方面需要做出改进。

○　在数据目录下列出信息技术系统，例如人力计划、预算、市场预测、库存管理、购买、调度等方面的信息与数据；

○　在劳动力目录下根据员工的工作职位列出相应的信息；

○　查看一下你的年度预算，以便确定你通常情况下的财务需求。

表 12-3　组织中的资源限制情况分析

材料	设备	数据	资金	劳动力

总结：

（1）无论何种类型的资源，都不可能无限制地满足你的需要。如果你能意识到这一点，就能够在工作中珍惜资源，并优先保障急需的资源。

（2）仅有资源还是不够的。我们身边经常会出现这样的情况：向企业投入大笔的资金，但是却没有达到预期的目标。例如，一些足球俱乐部在球员身上不惜血本，却屡遭败绩，而一个小俱乐部花费很少却取得了很好的成绩。从中可以看出，仅有资源并不一定会收到好的效益，对于组织来说，有效的资源管理同样非常重要。

（3）明确企业需要使用的主要资源，总结自己在各方面的资源需求，有利于提高资源管理的效率。

资源是有限的，下面的道德与素养，再次强调了使用资源时要勤俭节约。

道德与素养　勤俭节约

问题：

回忆你所在企业的规范中，有没有类似“不要浪费”、“注意节约”的表述，具体在工作中是怎样做的，有什么细节性的规定？

总结：

艰苦奋斗、勤俭节约是中华民族的优良传统和美德，也是我们党的优良传统。勤俭节约包含了勤劳和节俭两层含义。勤劳是致富的重要条件，也是事业成功的重要保证。节俭是修身的重要内容，是持家之本，也是治国安邦的法宝。

本章小结

通过本章的学习，我们知道了资源的基本概念、资源的重要性以及资源的类型，从管理流程来分析，资源管理又分为计划、组织和控制三个重要的组成部分，在本章的最后，学习了有关资源在使用过程中也会受到限制的知识。

思考与练习

1. 资源为什么很重要？
2. 资源分为哪些类型？请思考是否任何一个企业都必须拥有所有资源。
3. 什么是主要资源？什么是辅助资源？
4. 资源管理流程一般包括哪些方面的内容？

第 13 章　资源配置第一步——计划

学习目标

1. 了解企业资源计划（ERP）系统
2. 了解如何调整资源计划
3. 掌握如何制订资源计划
4. 掌握如何合理地选择供应商
5. 重点掌握几种常见的资源需求预测方法

学习指南

计划是资源管理过程的第一步，本章将主要介绍如何通过确定资源需求进而做出相对应的资源计划。计划与预测有很大的关系，因此，本章首先将要介绍几种有关预测的方法，例如时间—序列分析、统计需求分析和前导指数法等。其次，本章将介绍如何制订资源计划，如何调整资源计划以及如何选择合适的供应商来提供自己所需要的资源。最后本章还将介绍一个整合了企业运营所涉及的一切资源的 ERP 系统。

关键术语

需求　时间—序列分析　统计需求分析　前导指数法　德尔斐法　供应商　企业资源计划（ERP）系统

13.1 预测资源需求

对于每一个企业和每一个重要的经营管理决策而言，预测都是至关重要的，它是企业制订计划的基础。下面的案例引出了预测需求的重要性。

案例与讨论 预测决定计划

某玩具制造公司经过有关部门预测发现：在新的一年中公司产品的销量会增加。同时也发现，他们已经卖完了现有的多余库存。于是，该公司宣布了雇用 17 位新职员以扩大其生产规模的计划。

问题： 这个公司扩大生产规模的前提假设是什么？

总结：

公司一般会在预测的需求范围内对其产品进行资源计划，例如设置目标销售额、增加员工或者裁员。由于预料到未来销售量会上升，所以该公司决定扩大生产规模。但是需要注意的是，预测往往与未来的实际情况是有区别的，商业环境中存在着太多无法确切预料的因素，因此，绝对理想的预测通常是不存在的。所以，可以说基于预测的任何计划都有风险，资源计划也不例外。

有很多方法可以用来对资源需求进行预测，例如：时间—序列分析、统计需求分析、前导指数法、德尔斐法以及顾客需求调查等，这些方法可以把需求和公司的目标联系在一起。下面将分别进行介绍。

13.1.1 时间—序列分析

时间—序列分析（Time Series Analysis）是基于这样一个前提：通过过去的行为预测将来的行为，它是一种将过去需求相关的历史数据用于预测未来需求的方法。例如，通过过去的销售额就可以推测出将来的销售额。所谓时间—序列是按照时间收集的一组数据，例如，每小时、每天、每星期、每月、每个季度或每年，并且以时间顺序排列。然后把它分成五类（趋势、周期、季节性模式、随机事件、前导指数）进行分析，预测将来的需求水平。

- 趋势——即长期模式，例如未来是面临增长还是面临下降；
- 周期——表示由于经济环境和竞争造成的按一定的时间循环出现的改变，例如：经济不景气；
- 季节性模式——是指一年中有规律的改变，例如天气因素或如圣诞节之类的节日；
- 随机事件——是指偶然事件，例如罢工和灾难等；
- 前导指数——它设计与公司的表现有关的特定的统计信息。

下面分别举例说明五类分析方法。

步骤与方法　时间—序列分析方法

（1）趋势分析法

一家保险公司长期的销售纪录表明，其保单的销售量每年增长 5%。假设该公司今年卖出了 12 000 张新的人寿保险单，想要预测明年的销量。单从“保单的销售量每年增长 5%”这一信息来看，预计明年销售量是：

$$12\,000 \times 1.05 = 12\,600\text{（张）}$$

（2）周期分析法

继续以上述保险公司为例，假如预期明年会出现经济衰退，这将可能造成总销售量只能达到原来预测的销售量的 90%。那么，明年的保单销售量有可能是：

$$12\,600 \times 0.90 = 11\,340\text{（张）}$$

（3）季节性模式分析法

继续以上述保险公司为例，假设该公司每个月的销量是相同的，那么，根据上面的计算结果，其月平均销量应是 11 340/12=945（张），然而，12 月保险单的销售量会高于月平均水平 30%，因此，12 月的销售量应该是：

$$945 \times 1.3 = 1\,228.5\text{（张）}$$

（4）随机事件分析法

继续以上述保险公司为例，如果公司预期将来不会发生不稳定的事件，例如罢工或新的保险法规。那么，依据以上计算结果，估计明年 12 月的保单销售量会达到 1 228.5 张。

（5）前导指数分析法

这也是一种时间—序列方法，它设计特定的统计信息，而这些统计信息与公司的表现有关。它们预示着将来的趋势，从而指导管理者在这些趋势的基础上采取行动。

例如，生产产量统计会提供给公司一个可能需求水平的意见；房价能够提供给建筑公司相关的供给和需求信息。

13.1.2　统计需求分析

该分析方法以需求因素为基础，不与时间相关联。一般来讲，我们通常是用一个公式来预测未来的需求。

举例来说明：某电气公司董事会提出了一个需求预测公式，它预测在其公司所在地区，洗衣机的年度销售额（Q）为

$$Q = 210\,739 - 703\,P + 69\,H + 20\,Y$$（经检验，该公式有 95%的正确率）

其中，P：平均安装价格；H：出现的新家庭数量；Y：人均收入

依照上述预测公式，在一年内，当平均安装价格（P）是 387 元，有 5 000 个新的家庭（H）出现，而且人均收入（Y）为 4 800 元时，可以得出该地区洗衣机的年度销售额（Q）为

$$Q = 210\,739 - 703 \times 387 + 69 \times 5\,000 + 20 \times 4\,800 = 379\,678$$（台）

即我们可以通过该公式预测洗衣机的实际销量将为 379 678 台。

13.1.3　德尔斐法

德尔斐法是一种定性预测方法，它采用多轮书面会谈的形式来听取专家的意见，对反馈意见加以总结和提炼，然后不断重复此过程，直到对可能的趋势形成一致意见。

“三个臭皮匠，胜过一个诸葛亮”的思想常常体现在企业的运营中，例如企业可以召

开小组会议来进行预测。这样的小组预测常常通过开放式会议进行，在会议中，来自不同级别的管理者和员工自由地交换想法。但是，这种情况下，职位较高的人的意见或看法往往比职位低的人的意见更受重视。更糟的是，职位低的人可能并不敢表达自己的真实观点和想法。为避免出现这种情况，德尔斐法隐去了参与预测研究的各成员的身份，使得每个人的重要性都相同。

德尔斐法的操作过程是：由主持人将设计的调查问卷发给每个参与者，各个成员的意见经汇总后以匿名的方式和新一轮问卷一起再反馈给全组的每个成员。该方法是由兰德公司（Rand Corporation）于 20 世纪 50 年代首创的，其具体步骤如下：

步骤与方法　德尔斐法的具体步骤

- 步骤 1：选择参与的专家。专家组成员应包括来自不同领域的学识渊博人士；
- 步骤 2：通过问卷调查（或电子邮件），从各个参与者处获得预测信息；
- 步骤 3：汇总调查结果，添加适当的新问题，重新发给所有专家；
- 步骤 4：再次汇总，提炼预测结果和条件，再次提出新问题；
- 步骤 5：将最终结果发给所有专家。如有必要，重复步骤 4。

经过上述几轮预测，德尔斐法通常都能得到满意的结果。该方法所需的时间取决于专家组成员数目、进行预测所需的工作量以及各个专家的反馈速度。

13.1.4　顾客需求调查

除了询问专家将来的需求水平，还可以询问顾客同样的问题，比如可以询问顾客在未来的几个月是否有意购买某种产品。企业经常聘请外部的、擅长于市场调研的公司进行这类预测。在生活中，作为顾客，我们也不可避免地会接到各种电话，询问我们产品偏好、收入状况等信息。

无论是询问专家将来的需求水平，还是询问顾客类似问题，目的都是为群众提供优质的服务。

以上我们介绍了预测资源需求的几种技术与方法，下面这个训练与练习将会帮助你对所学的知识进行回顾。

训练与练习　预测方法总结

问题：

你所在的企业使用哪些技术来预测需求？使用过这里所列出的方法吗？

总结：

预测需求时往往要做出一些假设，而这些假设有可能是错误的，所以预测通常会带有很大的风险。一些企业正在寻找新的方法来提高预测的准确度，并且在他们做重要的市场决策之前，他们都会收集各种可靠的数据。

案例与讨论　准确预测的重要性

软件制造商必须与经销商、零售商和其他的供应链合作伙伴共同配合，通过互联网交换销售点信息、顾客反馈和其他的数据，以提高需求预测的准确度。软件制造商在进行产品生产之前，越来越依赖于较准确的数据；而对于分销商，则是在确定库存订单之前需要准确数据。这就是著名的"拉动"制造效应。例如，某家公司可能要生产个人计算机，却不急于最后定型，而要一直等得到基于销售数据的最新预测。这一预测会告诉公司，顾客喜欢运行速度为X的计算机还是运行速度为Y的计算机。

问题：

从这个案例中是否能够看出准确预测的重要性？

总结：

由于预测是对未来所做的假设，因此有可能误导了计划。所以做需求预测要非常慎重。

13.1.5　相关性分析

相关性就是两个变量之间存在的一定的互动变化的关系。在对需求的预测之中，预测出的需求和为了满足这个需求所需要的物力与人力资源之间的关系，就是一个相关性问题。

如果预测出需求将有某一程度的增长，那么将会造成多少对雇员和物质资源额外的需求？在一般情况下，只有在各自比较熟悉的日常业务中，大家才能比较清楚它们之间的比例关系，因为相关性是一个非常错综复杂的问题。例如，日前生产中如果还没有达到标准产量，那么面对额外的需求可能不需要添加额外的机器或雇员；或者，如果当前已经有了很高的原料库存水平，那么近期可能不需要增加订货。

图 13-1 给出了一个雇员和产品之间的简单的相关性。从中可以看到，为了生产 3 000 件产品，就需要 50 位雇员，这个比例始终保持不变。换句话说，每额外增加 3 000 件产品，就需要额外增加 50 位雇员。如果这个假设没有错，这样的方案就可以用于人力资源计划的制订。

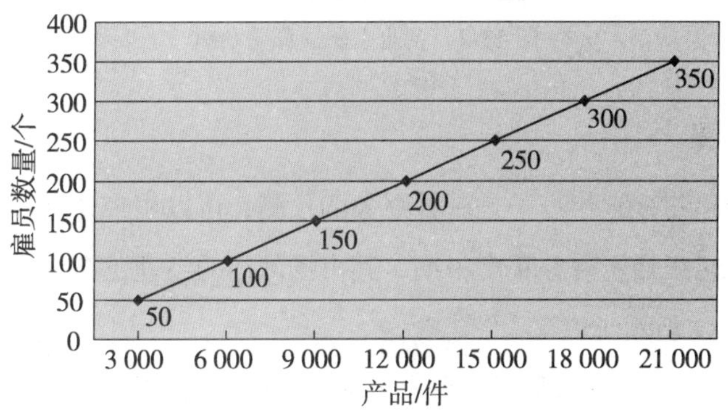

图 13-1　雇员数量与产品数量之间的相关性

13.2　制订资源计划

资源计划就是根据需求预测来决定需要什么资源，以及这些资源的成本将是多少。市场计划中通常包含这一信息，因为它将整个公司视为一个整体。在部门层次上，资源计划等同于预算。在一个大公司，将会有很多个这样的预算（如图 13-2 所示）——包括全局的和部门的。

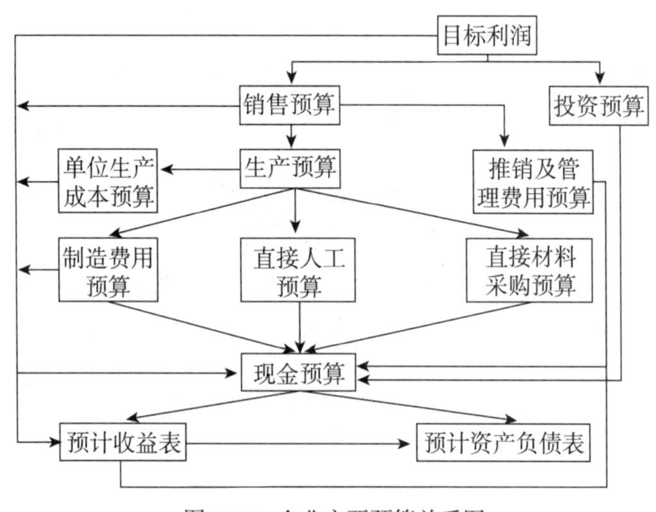

图 13-2　企业主要预算关系图

13.2.1　财务预算

预算也是一种预测，它相当于是一种财务的预测，可以用来计划和控制开支。这里有一个例子：一家公司正处于财务年度中期，其市场部门的经理正在审阅最新的关于费用预算的报告（如表 13-1 所示）。

该公司 6 个月和 12 个月的预算是在去年制订预算计划期间得到各方认同的。6 个月的真实数字取自公司的会计记录，它代表了实际的花费。差额表示预算支出和实际支出之间的差别，根据表 13-1 可以看出，这一时期内，公司有 7 250 元的结余。

当出现上述这种情况（公司有 7 250 元的结余）时，需要进行调查。花费少可能是因为一些本来已经计划好的活动没有进行，例如对代理销售经理任命的延迟降低了销售职员的薪水，或者本段时期内计划好的一些培训被推迟至本年度稍后一点的时间。这些信息本

表 13-1　市场部门的支出预算表（截至 6 月 30 日的前半年度报告）

明细 \ 时间 项目	前半年度（1 月 1 日 ~6 月 30 日）			全年度
	预算（元）	实际（元）	差额（元）	预算（元）
销售职员薪金	70 000	60 000	10 000	140 000
辅助职员薪金	27 500	30 000	(2 500)	55 000
差旅费用	6 000	8 000	(2 000)	12 000
电话费用	2 500	3 000	(500)	5 000
其他办公室费用	2 250	2 000	250	4 500
培训和会议费用	7 000	5 000	2 000	14 000
总计	115 250	108 000	7 250	230 500

身和对这些信息的分析可用于检查剩余 6 个月的预算是否切实可行，如果有必要，就要对其进行修改。

如果你参与了一些项目运作，还可以使用投入矩阵来确认项目各项活动或任务所需要的资源以及它们的成本。下面的例子就是一个投入矩阵，它估计了准备一个项目会议的讨论报告所需要的资源（如表 13-2 所示）。

表 13-2　举办一次项目会议所需要的资源

活动	所需要的资源						
	负责人	参与人	培训需要	设备	仪器	材料/情报	费用
会议	陈总 1 天	市场部全体人员 2 天；顾问 1 天		报告厅 1 个小时	计算机 2 天	市场调查报告；产品评估	700 元

实际上，只要是从事市场营销或销售工作，就应该有一个预算，并且要求费用要限制在此预算范围内。其中预算包括了去年的销售数字和其他的财务信息。

下面的训练与练习能够帮助你了解实际工作中预算是如何制定的。

训练与练习　预算的作用

问题：

在你的职责范围内，是怎样利用资源的？是通过自由决定，还是要在一定的预算下来制订计划？难度大吗？

总结：

表面上看，根据预算把支出限制在预算之内要比先预测需求容易得多。但是，每位管理者都知道，一方面在执行的过程中预算很容易超支，此时管理者必须对超支做出合理的解释；而另一方面，如果支出少于预算，那么下次的预算也就可能会减少。

下面的训练与练习会帮助你了解预算管理中涉及的道德问题以及该如何做。

训练与练习　预算管理中的道德问题及对策

问题：

你所在的企业员工在预算管理中存在以下情况吗？

- ○ 降低预算，使低效率的业务也能符合预算的期望值；
- ○ 削减一些必要的但不会影响短期经营成果的开支，例如削减研究开发费用；
- ○ 为使下半年工作留有余地，企业员工可能通过延缓销售等方法使当期收益下降，或为了提高业绩而提前销售；
- ○ 用尽预算，员工认为如果他们不将预算用完，来年的预算就会被削减；
- ○ 为降低成本，可能会使用质量差的材料。

总结：

在整个预算管理过程中，应该确立“以人为本”和“预算道德”的理念。企业只有充分意识到预算管理中的道德问题，避免将预算作为其评价业绩的唯一标准，才能在预算管理中避免道德问题的发生，建立一个能产生个人目标与组织目标一致行为的预算制度。

13.2.2　制订资源计划的方法

因为需求经常会发生变化，所以就需要经常考虑如何妥善利用资源来满足需求。一般来说，可以使用三种类型的计划：等产量计划、需求跟随计划和控制需求计划。

○　等产量计划

在等产量计划中，不管需求如何变化，产量水平始终都维持在一个不变的水平上，即雇员的数目、设备以及工艺过程等都是不变的。这种计划方法适合于那些需求相对稳定和能够以合理的成本维持库存的公司。在需求较少时增加库存，而在需求较高的时期释放库存，其产量可以在整个时期内取得平衡。但是这种资源计划方法不适合于那些生产时尚产品、易腐坏产品或易过时的高科技产品的公司。对于那些季节性需求变动很大的公司，例如假日旅馆，它也是不合适的。而一个位于北京市中心的酒店就可以使用等产量计划，因为它的需求水平很可能相当稳定。公共部门组织，例如行政事务部门、地方政府、教育和护理通常都制订等产量资源计划。

○　需求跟随计划

在需求跟随计划中，产量要满足需求的变化，所以产量要尽可能富有弹性，以满足不断变化的需求水平。对于季节性服务企业，以及那些存在突发性需求的企业，例如超级市场、旅店、餐馆等，它是非常合适的。在那些工作安排比较灵活的地方，例如采用兼职、临时工、合同工和经常加班的形式的工作场所，它也非常有效。

○　控制需求计划

在控制需求计划中，企业力图把需求高峰加以转化缓和，以使得需求与产量相匹配，从而消除波动。举例来说，一个典型的供求策略就是当需求很少时降低价格而需求很高时提高价格，以使顾客的购买需求处于一种平缓的状态，比如在非高峰假日时段，有些旅馆会歇业休息。

下面这个训练与练习能够帮助你思考以上几种资源计划方法在工作中的实际应用问题。

训练与练习　资源计划方法的使用

问题：

你在工作中使用过这三种资源计划方法中的哪一种？你对结果是否满意？可以在哪些方面有所改进？

总结：

三种不同的资源计划方法分别有其优缺点及适用条件。许多企业实际上是结合使用这三种计划方法，因为他们既要减少成本，同时又要对客户的要求做出反应。

13.2.3　调整资源计划

我们需要与其他人一起尽可能地合理调整制订的资源计划，特别是与相关的主管经理。如果涉及某一个项目，还需要与客户或发起人来调整该计划。

调整一个预算/资源计划是很不容易的，因为很可能自己需要的资源比别人同意提供的要多。因此，仔细地制订计划、并能清楚地说明为什么需要这些资源是很重要的，所以我们要为此进行精心准备。

步骤与方法　调整资源计划的要点

- 对每项资源要求都能给出正当的理由，并清楚使用它们的好处；
- 所需要的资源能够帮助实现企业的目标；
- 资源能满足预测的需求；
- 资源在规定的预算之内；
- 所选方法的成本效益最好。

13.3　合理选择供应商

资源不会自己从天上掉下来，你必须到供应商那里去买。选择供应商要慎重考虑，因为它会影响产品的成本和质量，因此需要进行谨慎的计划。

13.3.1　选择标准

确定潜在供应商的第一步就是确定选择供应商的标准。很多公司都有固定的标准，用来筛选合适的供应商。表 13-3 给出了一组典型的选择供应商的标准。

表 13-3 选择供应商的标准

总体标准	产品方面	服务方面
供应商地址	质量	速度
供应商声誉	数量	可靠度
供应商财务稳定性	范围	交付质量
供应商是否注重技术开发	价格	弹性和选择余地
供应商是否重视客户	兼容性	售后和技术支持
	付款期限	

其中，质量是指产品的耐久度、精确度、是否易于操作和维修、是否高效节能、维护费用、安全性等特点；兼容性是指产品和服务能否与现有的生产过程协同工作；弹性和选择余地是指一个供应商所能提供的不同的采购渠道，例如，能否从互联网上采购。

下面这个训练与练习可以帮助你对所在组织目前的供应商进行评估。

训练与练习　评估供应商

问题：

分别就下列各方面用 1~5 的等级评估你所在企业目前的 3 家供应商，如表 13-4 所示。

表 13-4 评估供应商

供应商名称	质量	速度	可靠度	弹性	价格

总结：

选择供应商的关键标准是：质量、速度、可靠度、弹性和价格。根据你打的分数，可以得知你对这些供应商的满意度。如果你对情况不是很熟悉，则需要同上级主管经理进行讨论。

13.3.2 选择供应商

选择供应商除了要看一些关键的标准外，还有要遵守的职业道德，下面的道德与素养需要你有这方面的思考。

道德与素养 选择供应商要遵守的职业道德

- ○ 选择供应商的企业要做到办事公道，遵守职业纪律；
- ○ 供应商要有好的服务态度。

供应商按不同的角度有着不同的划分标准。

1. 内部供应商和外部供应商

对于所需要的不同的产品和服务，可能需要在内部和外部供应商之间进行选择。内部供应商是来自于组织内部的人员或团体，他们能够提供组织所需要的资源，而外部供应商来自于组织之外。

虽然使用外部供应商的成本效益可能不如使用内部供应商，但是它却能提供更多的选择机会。来自于组织其他部门的压力可能会对内部供应商提供的产品和服务质量产生妨碍，但他们通常能与组织做事的方式进行很好地协调。

2. 单一供应商和多个供应商

另外一件要考虑的事情是选用的供应商的数量。例如，需要考虑的是使用同一个供应商提供不同的资源，还是让不同的供应商提供不同的资源，或者选用不同的供应商提供同一种资源。单一来源的好处就是可以逐渐地了解供应商，并形成一个稳定的、持久的关系，同时还可以得到大量的折扣；缺点就是一旦供应商出现问题，我们自己可能会陷入束手无策的境地。使用多个资源供给排除了以上意外发生的可能，并且还可以通过竞标的方式压低价格；当然，协调多个资源的供给也是很困难的。

可以通过一个供应商的“优先”列表在单一和多个供应商之间求取平衡。下面这个训练与练习教你如何选择供应商。

训练与练习　如何选择供应商

问题:

对于你的“优先”供应商，你最看重的是什么？思考选择“优先”供应商的标准。

总结:

选择供应商的重要标准包括：成本、质量、速度、可靠度、弹性和价格等。通常我们考虑的主要的问题可能是成本，即我们期望供应商能以一个比较合理的价格提供优质的产品；或者也可能是一个很特殊的因素，比如无条件退换。不管选择哪一个标准，关键的一点是要考虑这个标准是不是最佳的。

13.3.3　投标邀请函

如果通过竞标的形式选择供应商，那么就必须让每个供应商都了解自己的需求，因此需要写说明书或投标邀请函（Invitation to Tender，ITT）。

投标邀请函要求供应商正式提出一份投标书或报价单，用以说明他们能满足的需求。它的格式应该与表 13-5 类似。

表 13-5　投标邀请函的基本格式

标　题	内　　容
介绍	投标邀请函的目的，合同细节，保密声明，截止期限，如何答复
企业	所有关于购买组织的相关信息，例如用来干什么、它用什么系统、有什么要求
操作和使用要求	详细的产品说明书应该包括技术说明、所需要的数量以及频繁程度
一般要求	涉及质量、速度、可靠度、弹性和费用的性能标准
供应商信息	供应商的背景，供应的产品，有关的合作伙伴，执行方法，支持服务认证和未来计划，保险范围，有关的政策和系统，以前的客户名录
费用，采购和合同的细节	价格范围，付款方法，其他的费用，执行程序，合同细节
时间表	从投标邀请函的发出，经过接收标书、选择过程、谈判、合同的授予以及产品的最初供应

投标书应当依据要求供应商符合的各方面标准来综合判断，但是不要过于轻信他们的回应，还应该展开相应调查，并尽可能请他们以前服务过的客户提供参考意见。

13.3.4 服务品质协议

选择好供应商之后，可以草拟一份合同，把双方的各种要求加以详细说明。合同可以采用《服务品质协议》(Service Level Agreement，SLA) 的形式。

《服务品质协议》是一份服务供应商和客户之间的协议，它详细说明了客户所期望的和供应商所保证的服务质量。它通常包含的要素如表 13-6 所示。

表 13-6《服务品质协议》的基本要素

要　素	应该包含的内容
相关各方和服务	是谁与谁之间的协议，提供什么样的服务
目标和目的	协议的目的和一系列的声明，规定主要的服务目标
服务定义	所提供服务的不同要素的细目分类
客户责任	为保证服务的正常交付买方所必须做的事务，例如按时下订单、升级软件、提供预防性的反馈、预防性讨论问题、提供适当的文书工作
性能标准	在交付成果方面有什么期望——质量、速度、可靠度、弹性和费用。对于没能达到性能标准时有什么处罚
性能指标	如何测定性能，例如交付的速度、每小时运转的成本、正常的从订货到交货的时间、顾客的抱怨、坚持进度计划
沟通	如何处理争议和安排进展检查
约束条件	哪些环境可能造成妨碍，使服务达不到标准，应如何避免

步骤与方法　制定《服务品质协议》

制定《服务品质协议》是非常需要技巧的，因此，在制定之前我们应该学习一些注意事项。下面是关于如何制定《服务品质协议》的一些建议。

○　制定《服务品质协议》时应该做的：

（1）愿意了解其他人的观点；

（2）探讨可供选择的服务水平；

（3）记住需要平衡服务和成本之间的矛盾；

（4）在对需求的初始评估中，注意细节；

（5）预防性检查协议中所规定的性能指标；

（6）在当事双方中确认义务；

（7）注意有可能造成争执的定义，例如“停工期”或“有效性”。

○　制定《服务品质协议》时不应该做的：

（1）满足于不充分的测定标准；

（2）接受表述不清楚的文件；

（3）忽略了监督基本服务质量的成本；

（4）把《服务品质协议》做得过于琐碎和困难，难以监控；

（5）满足于含糊的或不切实际的目标。

下面的训练与练习将帮助你进一步理解《服务品质协议》的各个要素，有利于提高竞标的质量。

训练与练习　草拟服务协议

问题：

使用表 13-7，与当前的供应商草拟一个简短的服务协议，以提高他们所提供的（也是你所期望的）服务水平。对照前面讲述的“《服务品质协议》的要素”来做。你可以使用一个目前正在履行的协议，这样能够在现行实践与最优做法之间进行比较。

表 13-7　服务品质协议

与＿＿＿＿＿＿的服务协议	
要素	应当包含的内容
相关各方和服务	
目标和目的	
服务定义	
客户责任	
性能标准	
性能指标	
沟通	
约束条件	

总结：

完成这样的表格是一种很好的练习，因为它可以清晰地确定你对供应商的需要是什么。你还可以根据练习的结果与主管经理讨论如何根据自身工作的实际情况，制定一个《服务品质协议》。

13.4　企业资源计划（ERP）系统

ERP，即企业资源计划（Enterprise Resources Planning），这一概念最初是由美国的Gartner Group公司在20世纪90年代初期提出的，并就其功能标准给出了界定。作为企业管理思想，它是一种新型的管理模式；而作为一种管理工具，它同时又是一套先进的计算机管理系统。在很短的时间内，它很快就被人们认同和接受，并为许许多多的企业带来了丰厚的收益。

作为先进的计算工具，ERP有很高的运算能力、固定的程式与规则，对于企业提高管理水平具有重要意义。企业管理内涵非常丰富，不同的人有不同的分类，但大致可以分为三个层次：操作层、流程控制层与战略计划层。对应这三个层次，ERP都有不同程度的用武之地。

步骤与方法　ERP 的应用

○　**先进的信息系统平台**

信息作为企业运作的要素，对于企业经营与运作的重要性与日俱增；因此，信息系统作为信息运作的载体，是企业的重要基础设施。大多数企业要么没有一个集成的信息系统，要么是自己开发部分功能，大多数系统技术手段落后，已不能适应企业快速发展的业务需要。有人十分形象地形容是“长了一个粗壮的身板，却穿着一件破旧的小棉袄”。而 ERP 专业厂商提供的系统软件不仅功能齐全、集成性强、稳定性好，能提供及时准确的信息，而且具备可扩展性，是一项值得考虑的选择。

○　**规范基础管理**

在大多数企业中，新员工上岗时往往是“师傅带徒弟”，这样做效率低、信息传递准确性差，导致管理停留在较低的层次上徘徊不前；同时，在大多数企业中可能缺乏科学详尽的岗位责任制，工作在很大程度上靠人的悟性与磨合，“人治”的痕迹还很重。而通过实施 ERP 系统，由于其必须靠计算机来实现，这意味着企业必须对各种流程活动、岗位与制度等进行系统的梳理与明确，即使不借助先进的模板与顾问的经验，也在很大程度上能促使企业从“人治”走向“法治”，有利于规范企业管理。

○　**整合企业各种资源，提高资源运作效率，有助于形成合力**

ERP 系统的管理理论基础是供应链管理，它把企业与供应商和客户有机地联系起来，并将企业内部的采购、开发设计、生产、销售整合起来，使得企业能对人、财、物、信息等资源进行有效管理与调控，提高资源运作效率。

总体上讲，ERP 更侧重于操作层（业务活动）与流程控制层，但它作为一套先进的资源管理系统，可为企业提供准确、及时、集成的信息，对各种资源利用状态的监控以及强大的分析工具，可以为战略计划提供强有力的支持。

本章小结

通过本章的学习，我们重点掌握了资源需求预测以及预测的各种方法，然后在此基础上学习了如何制订资源计划、如何调整资源计划以及如何选择供应商。

思考与练习

1. 在制订资源计划之前应该先做什么？为什么？
2. 一般来说有哪些预测方法？你通常用其中的哪一种？
3. 根据需求的变化，制订资源计划的方法一般有哪些？请简要陈述每种方法的特点。
4. 你所在企业选择供应商的标准通常是什么？
5. 什么是《服务品质协议》（SLA）？

第 14 章　资源配置第二步——组织

学习目标

1. 掌握采购的流程
2. 掌握资源调度的相关概念
3. 重点掌握工作调度的方法

学习指南

在完成资源计划的制订后，本章将介绍如何组织资源。首先介绍 ERP 系统的有关内容；接着讲解采购的流程以及在一个好的采购系统中应该有哪些环节；本章的重点内容是有关资源调度问题，详细介绍了调度的方法，例如计划图、甘特图以及自动调度等。

关键术语

ERP　采购流程　资源调度的类型　资源调度的方法　甘特图表

14.1　采购流程

确定了供应商之后，需要正式提出一个采购流程以提高产品交换效率。采购流程很重要，采购中的错误以及低效的采购系统会严重损害公司的利益。通过下面的案例，请认真体会采购流程对公司利益的重要性。

案例与讨论　采购流程的重要性

某医疗中心确定一个订单并将其交给供应商通常需要 11 天的时间，从供应商那里接受发货单到供应商结算通常平均花费 168 小时。在 1996 年，该医疗中心的整个采购流程——从开始的订单到最后的发票核准——人工处理计算平均要用 492 小时，整个流程十分低效。但是，在其采用了一个新的资源计划信息系统后，确定并出具订单只需要 2 个小时，而结算则只需要 1 个小时。采购流程总共只需要 19 个小时。在 1997 年，由于系统和相关流程的改进，该医疗中心在供应管理方面共节省成本 400 万 ~ 600 万元。

问题：

本案例中成本节省的根本原因是什么？

总结：

管理成本下降是每个企业追求的目标。改进操作流程便是它们普遍采用的一种手段。通过使用新的技术可以改善流程，这样可以达到节约成本的目的。

根据企业经营业务的不同，采购流程也各不相同，图 14-1 是政府采购中信息类产品协议供货采购流程图。

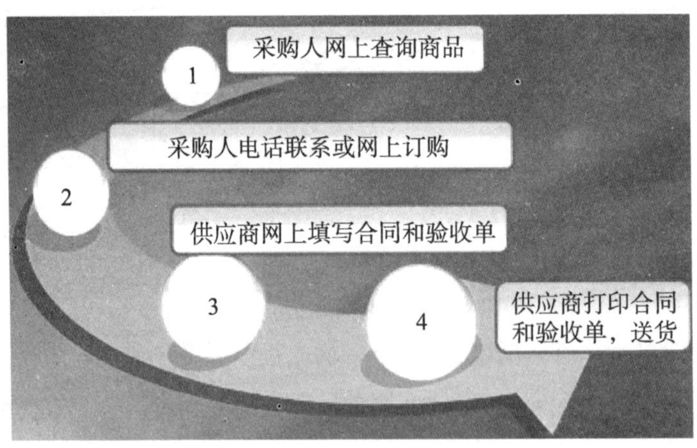

图 14-1　信息类产品协议供货采购流程

步骤与方法　采购流程各阶段

○　第一阶段：提出采购申请

该阶段的主要内容是在组织内部由采购申请部门提出一个申请。

○　第二阶段：拟定采购说明

在这一阶段，无论是谁负责提出订单，都将会得到订单的详细说明，如果有必要，还将会拟定出一份新的说明。

○　第三阶段：提供报价单

在这一阶段，基于采购申请和采购说明，供应商将提供一份报价单。这份报价单应该包括产品或服务的价格、折扣、运输费用和付款期限等。

○　第四阶段：提出订购单

基于收到的报价单，买方提出商品订购单。该订购单应当描述货物的数量、报价以及交付期限等。

○　第五阶段：收货和退换

在接收货物时，买方应当依据提货单对货物进行检查并签收。任何损坏的货物都应根据报价单和订购单规定的方式进行退换。

○　第六阶段：出具发票

在这一阶段，供应商出具付款发票，应依据订单对其进行检查。

○　第七阶段：付款

最后，卖方应根据协定的期限，由其会计部门在指定时间内完成付款。

通过下面的训练与练习，可以帮助你巩固有关采购流程的知识。

训练与练习　采购流程

问题：

思考你所在企业的采购流程，其中是否存在时间和金钱浪费的问题？是否采用了自动化操作或其他新的方法和技术？

总结：

如果认为新的软件有所帮助，则可以在互联网上查找“采购软件”来搜索可用的资料。也可以同上级经理讨论改进措施。

除了了解采购流程的程序以外，采购人员还有一套要遵循的采购道德。

道德与素养　采购道德

作为采购人员必须认真仔细了解公司的各项规章制度；同时，采购人员要维护公司的利益，做一个有道德、廉洁奉公、遵纪守法的好采购。采购道德主要包括三个内容：

- ○ 忠于雇主；
- ○ 公平对待供应商；
- ○ 真诚。

对于采购道德一些公司提出了具体的条款，例如：

- ○ 忠诚；
- ○ 服从雇主的指令；
- ○ 理智谨慎地行动；
- ○ 向雇主提供账目；
- ○ 向雇主通知信息；
- ○ 保密；
- ○ 必要的技能和培训。

14.2　资源调度

资源调度是资源组织的精华，它保证了合适的资源在合适的时间被送到合适的地方。资源调度包括：职工工作日程的调度，例如工作模式的安排；物力资源调度，例如库存或产品的调度。下面我们分别进行介绍。

14.2.1　工作调度

工作调度是针对团队或个人的关于工作或任务的时间安排。工作调度可能基于日常运作方式，也可能基于项目制。工作调度把任务和执行此任务的人都集成在一起。下面有一个例子，是“出版《健康与安全》手册”这个项目的工作调度，如表 14-1 所示。

表 14-1　出版《健康与安全》手册项目的工作调度表

阶　段	关键任务	日　期	人　员	团队时间
第一阶段：分析和说明	召集发起人和健康与安全小组开会讨论此项目	9 月 6 日、9 日	小张、小王、小刘、小何	2 天
	分析项目所需的资源并估计成本	9 月 10~13、16~20 日	小张	9 天
	为职员设计调查问卷以获得有关内容的意见	9 月 23 日	小张	1 天
	整理信息并做出项目说明	10 月 21~25、28~29 日	小张	7 天
	寻求发起人和客户的认可	10 月 31 日	小张、小刘	1 天
第二阶段：资源计划	起草任务、职责以及资源计划	11 月 4~8、11~15、18~22 日	小张	15 天
	召开会议对小组下达指示	11 月 25~26 日	小张、小王、小刘、小何	2 天
	准备招标，进行文档的指导性开发	11 月 27~29 日	小张、小何	3 天
第三阶段：任命指导团队	评标	12 月 20、23 日	小张、小王、小刘、小何	4 天
	任命指导小组	1 月 6 日	小张、小王	1 天
	召集指导小组进行最初会议，并做简单指示	1 月 13 日	小张、小刘	1 天

步骤与方法　工作模式安排

工作模式安排就是规定员工的工作时间或指定工作班次。在一个早九晚五的坐班制的企业里，这可能十分简单；但在一个灵活的、需要在 24 小时里提供服务的企业中，它可能变得相当复杂。

考虑到在一年的某些时期会出现客户需求的波动，可能还需要每个月的、每个星期的甚至每天的安排表。

下面这个训练与练习帮助你体会如何安排工作时间和人员，并解决其中出现的问题。

训练与练习 工作安排

问题：

在此写下你的工作任务安排的记录，其中最主要的问题是什么？

总结：

工作安排是非常重要的，必须认真分析，并妥善解决其中的所有问题。

14.2.2 库存调度

库存调度是对资源需求和库存交付时间的安排。下面还是依据前面 14.2.1 中提到的“出版《健康与安全》手册”这个项目进行分析，如表 14-2 所示。

表 14-2 出版《健康与安全》手册项目的库存调度表

阶 段	关 键 任 务	日 期	所 需 资 源	预定日期	提供者
第一阶段：分析和说明	召集发起人和健康与安全小组开会，讨论此项目	9月6、9日	会议室	8月19日	行政部
	分析项目所需的资源并估计成本	9月10~13、16~20日	计算机和软件打印机及原料	8月19日	行政部
	为职员设计调查问卷以获得有关内容的意见	9月23日	计算机和软件打印机及原料	8月19日	行政部
	整理信息并做出项目说明	10月21~25、28~29日	计算机和软件打印机及原料	8月19日	行政部
	寻求发起人和客户的认可	10月31日	办公室	9月1日	行政部

续表

阶　段	关键任务	日　期	所需资源	预定日期	提供者
第二阶段：资源计划	起草任务、职责以及资源计划	11 月 4~8、11~15、18~22 日	计算机和软件打印机及原料	9 月 27 日	行政部
	召开会议对小组下达指示	11 月 25~26 日	办公室	11 月 24 日	行政部
	准备招标，进行文档的指导性开发	11 月 27~29 日	计算机和软件打印机及原料	9 月 27 日、11 月 1 日	行政部

在第 15 章还会继续介绍更多的关于库存和需求关系的内容。

14.2.3　生产调度

生产调度是指为了完成生产目标而制定的安排。包括生产什么、生产多少、生产频度等。在复杂的制造企业中，产品都是通过信息系统与库存相联系的，这就是所谓的物资需求计划（Materials Requirements Planning，MRP）。在 MRP 中，通常包括以下两种调度：

1. 长期的总体生产进度表

这种生产调度包括产品的所有需求，以产品、数量和日期的形式来表示。这可能只是一个订单流程中很简单的一项，但是对于重复的制造环境来说，长期的总体生产进度表将取决于订单、库存和要求的产量（如表 14-3 所示）。

表 14-3　长期的总体生产进度表　　个

项目＼月份	1 月	2 月	3 月	4 月	5 月	6 月	7 月	8 月
订单	235	200	190	170	70	75	65	60
库存	285	50	0	0	0	0	0	0
需求	0	150	190	170	70	75	65	60

2. 短期的生产调度

短期的生产调度处理产量和需求的问题，以每小时、每天、每星期为基础来做计划。

14.3 资源调度的方法

我们可以使用一系列的表格和图表来制定进度表，就像前面引用的很多例子。下面将要讲述一些常用的制定资源调度表的方法。

14.3.1 计划图表

计划图表或个人管理器都是用于调度的简单工具。例如，使用上面所介绍的关于项目的工作调度表，可以把相关的任务、所需要的人和时间编在一起。你可以利用墙上的大日历来做简单的计划图表，比较直观和清晰。表 14-4 是一个项目在 2015 年 1 月的工作安排计划表。

表 14-4 工作安排计划表

项目——2015 年 1 月				
星期一	星期二	星期三	星期四	星期五
	1 日	2 日	3 日	4 日小张编程 1 天
7 日	8 日小张检查 1 天	9 日小张编程 1 天	10 日小张检查 1 天	11 日小张编程 1 天
14 日小张检查 1 天	15 日小张编程 1 天	16 日小张检查 1 天	17 日小李检查 1 天	18 日小李、小张各检查半天
21 日小李编程 1 天	22 日	23 日小张检查 1 天	24 日小李编程半天	25 日

14.3.2 甘特图

甘特图使用条形表示工作和时间，它能一目了然地显示出任务增加和处于低潮的时间。如果必要，可以用它重新进行任务分配。任务的时间长短与条形的长度成比例。表 14-5 是 14.2.1 中提到的“出版《健康与安全》手册”项目第一阶段的甘特图展示（有关甘特图的应用在本书下册还有说明）。

表 14-5 甘特图表

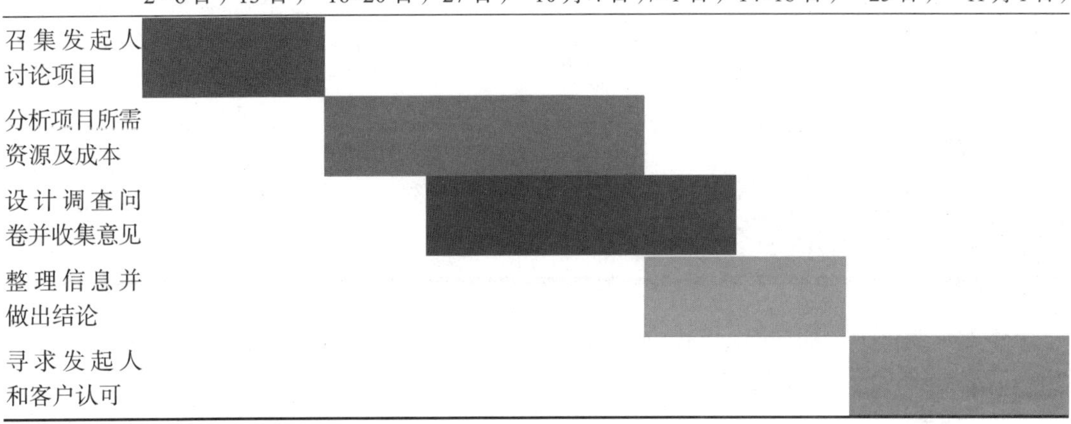

关键任务	第一周（9月2~6日）	第二周（9月9~13日）	第三周（9月16~20日）	第四周（9月23~27日）	第五周（9月30~10月4日）	第六周（10月7~1日）	第七周（10月14~18日）	第八周（10月21~25日）	第九周（10月28~11月1日）
召集发起人讨论项目									
分析项目所需资源及成本									
设计调查问卷并收集意见									
整理信息并做出结论									
寻求发起人和客户认可									

14.3.3 自动化调度

现在很多的调度都是自动化的。使用项目管理软件就可以制定进度表，而且比手工系统更容易进行沟通和更新。下面的案例与讨论就讲述了自动化调度的应用。

案例与讨论 自动化调度

某无线电广播公司将开始使用最新的计算机技术来调度音乐的播出。这家无线电广播公司 15 年前就成为第一家使用计算机辅助手段进行音乐调度、选择音乐的公司，现在它正计划用更成熟的 Powergold 系统来替代已成为业界标准的 Selector 软件。该公司的程序主管 Keith Pringle 提到 Powergold 是基于 Windows 系统的，与基于 Dos 系统的 Selector 相比，它与公司内部其他系统的兼容更好，而且任何曾经使用过 word 的人都可以很容易地使用它。“这个调度程序在运行过程中会自动检测出有没有别的更好的安排并自动进行调整，真是不错。”他补充道。

（续）

问题：

此公司使用新软件的好处体现在哪些方面？作为企业员工面对技术更新，应该抱有怎样的态度？

总结：

你可以通过与经理讨论或通过互联网搜索与组织相关的新技术和新软件，这些技术可以使资源调度更高效。

作为企业员工，在面对新的技术，要勤奋学习，提高职业能力。通过下面的训练与练习，对前面所介绍的各种调度方法进行巩固。

训练与练习　调度方法分析

问题：

思考你在组织和工作领域中使用的各种调度资源的方法，分析其中存在的问题并提出改进意见，如表 14-6 所示。

表 14-6　资源调度方法分析

使用的调度方法	存在的问题	改进意见

总结：

结合所学的内容，反思在工作中使用的资源调度方法。这种反思可以帮助你找到自己的问题和解决问题的途径，从而提高资源管理的效率。

本章小结

通过本章的学习，我们首先了解了 ERP 系统的有关知识，然后学习了采购的流程，在此基础上，我们进一步学习了有关资源调度的知识，比如工作调度、库存调度和生产调度。最后，我们重点掌握了一些基本的调度方法。

思考与练习

1. 采购流程一般包括哪些阶段？
2. 什么是资源调度？它包括哪些方面的调度？每一种调度的特点是什么？
3. 调度过程中一般都使用哪些调度方法？它们有哪些特点？

第 15 章　资源配置第三步——控制

学习目标

1. 了解环境控制的有关内容
2. 了解如何保存记录
3. 掌握库存控制
4. 掌握设施维护
5. 重点掌握资源性能控制

学习指南

资源控制的目的是确保资源利用的最优化和浪费的最小化，从而确保企业的运作不会因为资源短缺或设备故障造成突然的中断。在这一章中，将会介绍到资源控制的各种方式。例如可以通过库存控制系统对原料供给进行控制；可以通过维护系统来保障组织设施的正常运行；对于能源和垃圾，还有环境系统来控制；再加上资源性能系统和记录系统，这就构成了一个完整的资源控制方案。

关键术语

库存控制　设备维护　环境控制　资源性能控制　保存记录

15.1　库存控制

库存通常指未加工的原料，但也可以指半成品或成品。例如，一个汽车制造厂的库存包括汽车零件、机械、化学制品等的库存（输入），也有在装配线上等待转化的半成品汽车的库存（部分输出），还有加工好的放在停车场中等待出售给经销商的车辆（输出）。当然，库存也可以数据的形式存在。例如，数据库存就是存储在计算机中的数据。

所谓库存控制，是要保证组织有足够的储备资源，以满足未来可以预见的生产需要。

15.1.1　有效库存

通常情况下，人们认为"库存"就是"商品的存储"。但是细分起来，"库存"可以分为"有效库存"、"非有效库存"两部分：

- 有效库存——是指真正符合客户需要，能给客户带来价值的商品库存；
- 非有效库存——指不能给客户带来价值的所有其他商品库存总和，包括损坏的商品、未能及时按照客户要求进行组装的商品、未能在客户指定时间送达客户指定地点的商品等，可谓数不胜数。

"有效库存"在供应商和客户之间起着非常重要的作用。通过以下案例，体会一下有效库存的重要性。

案例与讨论　有效库存的重要性

某船厂的船板供应商曾经发出这样的感慨：为了实现船厂提出的"整船订货，分段供应"的要求，他们按照船厂生产计划而提前准备大量船板，但是船厂却仍然不满意。船厂的采购经理也在抱怨：往往一船来了一大批的钢板，他们都不知道这些钢板属于哪个生产段位号。因为船厂的用料都是按照段位来进行的，一个段位只要少了一块钢板，那么该段位就不能进行焊接生产。一下子来了这么多钢板，暂时用不着的只能堆在码头，不能派上用处不说，还占用了大量场地……

问题：

这样看来，"高库存"似乎也不能让客户满意。问题出在哪里呢？

（续）

总结：

真正了解了“有效库存”的概念，就不难理解为什么供应商为船厂准备了大量库存，却仍然没法让客户满意了。船厂每月从该供应商处定购的钢板有几万吨之多，库存不可谓不多，但收到的钢板往往存在种种不符合船厂供货要求的情况。如：未按段位进行钢板集批、段位钢板不全、暂时不用的段位没有生产，急用的还没送到……所有这些，均属于典型的“非有效库存”，这些库存的积压，会令船厂不胜其扰。可见有效库存的重要性非同一般。

15.1.2 库存控制的重要性

首先，库存控制的重要性在于需求波动的存在。如果需求突然出现一个大的增长，而企业此时没有库存，那么就无法满足客户的需求；反之，如果需求突然出现下跌，库存量就可能出现积压。在这两种情况下，企业收入都会减少：当需求增长而没有库存时，销售额无法增长；当需求减少而库存却积压时，也不能达到预计能够销售的量。

需要注意的是，第二种情况与第一种情况有所不同。因为库存是有成本的，第一种情况没有库存，也就没有因为库存积压造成的成本损失；而第二种情况则存在这样的成本损失。下面我们了解一下与库存相关的成本。

（1）存储成本——存储货物需要资金，包括照明、能源、设备、职工、空间和租金（如果有的话）等费用。存储越多，花费就可能越多。

（2）折旧成本——大部分存储的货物都有一个“保存期限”。如果保存的时间过长，它们可能就会腐烂（例如食品），或者过期（例如时尚商品）。

（3）营运成本——它的出现是因为在出售产品和产品交货之间存在着延迟。如果这个缝隙越大，你对资金和借款的依赖就越大。如果你没有把资金或银行存款都放在超额购买上，那么你的库存量就不会太高。

（4）组织成本——库存控制系统越有效，货物丢失、损坏或遭窃的可能性就越小。一个快速而有效的系统还可以减少管理成本。

15.1.3　订购量和订购时间

对于采购方来说，一个至关重要的决定是订购量和订购时间。这就是通常所说的订购量—时间决策。

首先，就订购数量来说：一方面如果订购的数量过多，而又不能售出，那么将要面对库存费用上涨的问题；另一方面，如果大批量进行订购，可能会从供应商那里得到折扣，订购得过少，将会失去这些价格上的折扣，并且还有可能没有足够的供给来满足需求。

其次，就订购时间来说：如果订购太早，可能会在短期内积压过多的库存；订购太迟，可能会在短期内遇到供给断档的问题。

基于这些情况，介绍以下几种确定订购量和订购时间的方式。

步骤与方法　确定订购量和订购时间

（1）定期采购相同的量；

（2）不定期采购相同的量；

（3）定期采购不同的量；

（4）不定期采购不同的量。

这几种方式分别有其各自的优缺点，例如，定期采购相同的量是最容易执行的采购系统方法，但是存在着不必要的浪费库存的危险。不定期采购不同的量就需要进行连续的预测、严密的组织和成熟的供应商信息网络，但是潜在的优势是库存量能紧密地与供求关系相匹配，并减少了浪费。只要理解和掌握了上述这几种采购的方法，自己的计划和控制就会越来越成熟。许多组织采用不定期采购不同量的方式，是为了将可用的资源同需求准确匹配。

15.1.4 库存控制效果

库存控制系统能够明确地指出现有的库存量，并能指出还需要多少库存量。下面的训练与练习能够帮助你检查目前你所在的工作场所的库存状况。

训练与练习 库存控制效果

问题:

思考表 15-1 中的问题清单。从库存控制系统的几个方面，评估你的组织/工作领域的情况，使用 1~5 进行打分（1 最差，5 最好）。

表 15-1 组织库存状况

库存控制系统效果	分 数
把所有的库存都适当分类	
根据价值和使用情况将库存分类	
可以在任何时候都辨识出当前的库存水平	
记录了收到的库存和卖出的产品	
库存水平下降的时候可以自动再订购	
如果需要，可以打印出报告	
允许进行预防性的库存检查及审核	
与需求预测相联系	

总结:

其中的一些分数可能取决于你所在组织库存控制系统的自动化程度。一般而言，自动库存控制系统在监控方面考虑得更周全。如果置身于制造业或是在一个有大量库存的组织中，就应该把采购、存储、生产和配送用一条链条穿起来，换句话说，就是要有一条完整的供应链，以确保组织平稳地运行。

15.2 设施维护

组织所使用的物质资源有一个关键的特点，就是这些资源都是由各种设施组成的。这些设施包括地产、建筑物和设备，虽然它们是维持组织运作所需的次要资源，但是同样不可忽视，所以我们要对它们进行不断维护。维护这些设施的目标就是保证这些资源处于最优状况，成本效益好。

15.2.1　有计划的维护

最好的维护方式是做好计划。有计划的维护一般包括两种主要的类型：

（1）预防性维护——主动进行维护，做一整套工作来减少设施的故障，其中包括：润滑、调整、清洗、检查、校核、监测、预防性的修补和换件；

（2）应急性维护——被动的维护方式，只有在故障出现的时候才进行维修。这表现为故障排除和应急维修。

预防性维护和应急性维护的特点如下所述。

○　**预防性维护的优点是：**

（1）由于预防性的保养，可以使得设施的寿命达到最大化；

（2）由于安排了维护的时间，设施运转被中断的次数达到了最小化；

（3）由于在维护方面所作的合理预防，导致运转中的故障率被最小化了。

○　**应急性维护的优点是：**

（1）仅在完全必要的时候，才进行维护；

（2）没有预防性的维护成本；

（3）需要的维护人员数量更少。

总体说来，应急性维护比较适用于那些由于生产中断造成的产品损坏和损失比较低，并且风险也比较小的情况；预防性维护比较适合于由于生产中断所造成的财务和人员损失比较大的情况。了解两种不同类型的设施维护方式的特点，有利于你在不同的时期选择不同的维护方式。

15.2.2 设施维护的法律要求

维护设施不仅是资源使用最大化的要求，同时也是法律的要求。例如《劳动法》第五十三条规定：劳动安全卫生设施必须符合国家规定的标准。新建、改建、扩建工程的劳动安全卫生设施必须与主体工程同时设计、同时施工、同时投入生产和使用。第九十二条规定：用人单位的劳动安全设施和劳动卫生条件不符合国家规定或者未向劳动者提供必要的劳动防护用品和劳动保护设施的，由劳动行政部门或者有关部门责令改正，可以处以罚款；情节严重的，提请县级以上人民政府决定责令停产整顿；对事故隐患不采取措施，致使发生重大事故，造成劳动者生命和财产损失的，对责任人员比照刑法第一百八十七条的规定追究刑事责任。

做下面的训练与练习，检查你所在组织现在维护设施的系统是否良好。

训练与练习　设施维护系统

问题:

你所在组织的设施维护系统工作良好吗？请对表15-2中的问题做出判断。

表15-2　组织中设施维护系统的状况

设施维护系统有关状况	是	否
我们有足够的主动和被动维护机制	□	□
我们有预防性的维护安排	□	□
我们的维护系统符合相关法规要求	□	□
我们有良好的车间、机械和工具检查与保养机制	□	□
我们有预防性的劳动保护用品（例如手套、头盔等）	□	□
我们按要求维护灭火器、升降设备、锅炉、电动扶梯、动力冲床和车辆等	□	□
我们有良好的维护记录	□	□
我们聘用的维护人员能力很强	□	□

总结：

维护系统非常关键，你可以用上述问题来检查自己的工作领域中的设施维护状况，同时应该思考自己需要做出哪些改进以及需要承担什么样的责任。

在设施维护时，要认真履行职业责任，做好本职工作，这一要求既是设施维护的道德要求，也是法律要求。

15.2.3　全面生产设备管理（TPM）

科学的设备管理是现代组织，尤其是制造型企业越来越重视的话题，它是提高设备综合效率最直接、最有效的途径。

现代企业组织打破了原来购买最豪华、最先进设备的观念，开始创建一套从自主保全入手，专业保全并行的设备保障系统——全面生产设备管理系统，即 TPM（Total Productive Maintenance），从而降低成本，最大限度地提高生产效率，增强企业体质，建立先进企业文化，打造一流企业。

TPM 活动由“设备保全”“质量保全”“个别改进”“事务改进”“环境保全”“人才培养”这六个方面组成，对组织进行全方位的改进。

步骤与方法　TPM 五大要素

- TPM 致力于使设备综合效率最大化的目标；
- TPM 对设备建立彻底的预防维修体制；
- TPM 由各个部门共同推行；
- TPM 涉及每个雇员，从最高管理者到现场工人；
- TPM 通过动机管理，即自主的小组活动来推进。

15.3　环境控制

资源不仅包括库存和我们所使用的设施，还包括能源以及在能源使用过程中附带产生的废弃物。能源的高效利用和废弃物的控制不仅可以保护环境，而且可以大大提高组织的盈利能力。下面这个案例就讲述了环境得到控制的重要性。

案例与讨论　通风与工作效率

根据美国哈佛大学公共健康学院的多纳·密尔顿教授的研究，提高通风率可以提高生产力。教授发现，如果提供良好的通风条件，短期的因病缺勤率将会降低。他计算出由于提高通风条件导致因病缺勤率减少，节省下来的费用为每人每年 400 美元。

问题:

在你的工作与生活中是否可以找到类似例子?

总结:

由于环境改善而使生产率得到提高的例子屡见不鲜，为了提高生产率，有必要更加重视环境控制的问题。

15.3.1　能源管理

能源管理涉及对供暖、照明、通风、制冷等的控制，也就是对任何使用燃油、汽油、电力的物体都要进行管理。一个能源管理系统应当包括如下内容。

（1）进行能源检查以寻找浪费之处。例如，查看灯在不必要时是否仍然开着；温度调节装置的温度是否设的过高以及盥洗时是否用掉了过多的水等。

（2）安装更高效的能源系统。

（3）与供应商进行合同谈判，以保证得到最合适的价格。

（4）告诉员工节省能源的方法，并鼓励他们找到节省能源、防止浪费的方法。

（5）建立一个能源管理信息系统，记录检查的情况，确认能源账单以及提供能源报告。

15.3.2　减少物资浪费

如同能源浪费可以减少一样，生产中的物资浪费水平也是可以降低的。例如如果企业要为排放出的垃圾支付一定的费用，这样的措施将促使人们减少对生产物资的浪费。

步骤与方法　减少物资浪费

表 15-1 中这个被称为“浪费等级”的方法是一种减少物资浪费的好方法。其中，1 代表最好的方法，如果你做不到 1，那么 2 是次好的，依此类推。

- ○ 减少浪费的最好选择是卡住源头，例如在交付的供应品中使用较少的包装；
- ○ 次好的方法就是再次使用，例如把旧的墨盒送回去重新装满；
- ○ 再次就是回收再利用，比如把玻璃瓶送去回收；
- ○ 扔到垃圾堆或焚烧掉则被认为是最后应该选择的方法，是在其他任何一种方法都不合适的时候才用的。

1. 减少/最小化
2. 再次使用
3. 回收/循环再利
4. 处理掉

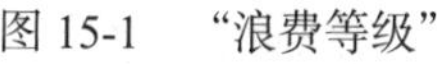

图 15-1　“浪费等级”

通过下面的训练与练习对这种方法进行应用。

训练与练习　划分“浪费等级”

问题：

把企业丢弃掉的废品列一个单子，例如废纸、废料、废包装、食品、操作或加工剩余物、计算机用品、印刷品等。请考虑一下除了扔掉它们之外是否还有其他的方法（使用“浪费等级”作为指导）依照表 15-3 填写。

表 15-3　组织对废弃物的处理

废弃物	浪费等级	改善方法和途径

总结:

在处理废弃物时首先应该考虑能否得到回收或利用，然后再做出最后选择。

15.3.3 法律要求

在英国，根据 1990 年的《环境保护法案》，任何人都有管理废弃物的责任。也就是说每个人都应做到以下要求：

- 防止其他人非法处理你的废弃物；
- 保存好那些要被处理掉的废弃物；
- 保证废弃物被转移到得到授权处理的地方，以确保可以得到妥善的处理；
- 精确描述那些要被转移的废弃物——你应当保留一个称为“转移记录”的文件。或者，如果有被称为“特殊废弃物”的危险废物的话，应当保留一个“交付记录”。特殊废弃物包括危险的化学品和医院临床废弃物。

15.4 资源性能控制

我们在第 13 章中曾经提到，可以依据质量、速度、可靠度、弹性和成本来评估供应商的供应能力。通常情况下，也可以用这些标准来评估资源性能。这里有一些典型的性能指标（如表 15-4 所示）。

表 15-4 资源性能的评估标准和指标

性能标准	物质资源的性能指标
质量	每一次交付中含有的有缺陷的、污染的和破损的数量； 退换的订单；内部客户和外部客户的抱怨等级； 库存浪费等级； 浪费等级（包括能源浪费）

续表

性能标准	物质资源的性能指标
速度	供应商响应的时间； 订货到交货的时间； 交付的频率； 供应链的速度——从下订单到配送
可靠性	订单的平均迟交时间； 交付延误的订单的百分比； 时间安排的遵守情况； 在供应商中占的产品的百分比； 设备故障水平； 产品寿命
弹性	加快供应速度所需的时间； 改变订单所需的时间； 生产量； 改变时间安排所需的时间
成本	库存周转率； 消耗物和废弃物的成本； 实际成本与预算方案； 运转生产力；折扣

通过下面的训练与练习，学习对资源性能的控制。

训练与练习　资源性能指标

问题：

将你所在组织使用的性能指标与表 15-4 中列举的各条性能指标进行比较，评价你所在组织目前的资源性能控制系统，思考其在物资管理方面还有没有提高的余地？

总结：

可以经常就以上几个方面回顾和评价自己的资源管理，并针对所存在的不足做出相应改进与提高。

15.5 保存记录

在管理资源的时候，可能会用到多种不同的文件，包括：合同、采购订单、发货单、账单、提货单、库存记录、服务品质协议、时间安排表、维护记录、转移记录、交付记录等。保存记录对于任何一个控制流程来说都是非常重要的部分。

有很多方面的原因导致组织需要保存资源方面的记录：

（1）为了遵守法律法规的要求，例如健康，安全和环境法；

（2）为了在报告中提供关于效率和品质方面的详细材料；

（3）为了采取正确的行动；

（4）为了检验某个行动是否已经执行，例如供应款项是否已支付，交付是否收到，工作是否已经展开；

（5）为已经签过的协议提供证据——例如供应合同和服务品质协议等；

（6）为了提供所有权证明；

（7）为了提供数据、改进流程和系统；

（8）为了能有效地计算成本、审核和清算账目。

下面的训练与练习能够帮助你学习如何保存资源管理记录，并进一步理解这些记录的作用。

训练与练习　资源管理记录

问题：

1. 想想你为了资源管理而保存了哪些记录，把它们写在表 15-5 中，并指出这些记录是否达到了本来目的，你对它们的作用是否感到满意？

表 15-5　资源管理记录

记录类型	是否达到了本来的目的

2. 有没有一种记录是你现在没有使用但将来可以使用的？
3. 评价你的记录保存系统的效率，是否需要改进？怎样改进？

总结：

通过这个训练与练习你能够学会如何改进你的记录保存工作——是设计新的记录，还是设计一个新的记录保存机制。

学习完这章后，做下面的训练与练习，对所学知识进行回顾和理解。

训练与练习　能源管理

问题：

使用表 15-6 对你所在组织的能源管理进行审核。

表 15-6　组织能源管理状况

	能源管理审核项目	是	否
交通	车辆是否得到适当的保养、维护和调整	□	□
	雇员们因公出差到同一个地方的时候是否同乘一辆车	□	□
	一些司机是否用了过多的汽油	□	□
	一些司机是否需要在省油方面接受培训	□	□
	是否使用了成本低、效益好的交通方式	□	□
照明	灯泡的利用率是否是最高效的	□	□
	是否可以把工作间搬到窗口附近以提高日光的利用率	□	□
	屋子里没人时，是否关灯了	□	□

续表

	能源管理审核项目	是	否
供暖	暖气系统是否得到预防性的保养	□	□
	温度调节装置能否正常工作？是否设置合适的温度	□	□
	当房屋没人时，暖气的开关是否关闭	□	□
空气调节装置	是否真需要空调	□	□
	系统是否保持干净并得到经常的维护	□	□
	是否与供暖系统同时使用	□	□
隔热	墙壁和屋顶的隔热材料的类型和厚度是否正确	□	□
通风	员工是否更多的是通过打开门窗来降低室内温度，而不是靠调低温度调节器来降低室内温度	□	□
	是否存在过多由于装配很差导致门窗处的空气流动不通畅的情况	□	□
设备	机器是否还在高效运转	□	□
	在生产过程中产生的热和能源是否能再利用	□	□
	每项工作所用的机器大小是否都合适	□	□
	计算机是否在无人使用时呈关闭状态	□	□

总结：

以上这些能源管理审查行为将会帮助你识别哪些方面需要改进。考虑一下你审核能源和环境管理的优先顺序，在审核时你可以进行怎样的改进？

本章小结

通过本章的学习，我们知道了库存控制的重要性，并了解了如何进行库存控制；接下来，我们学习了如何有计划地维护资源设施；然后本章进一步深入讨论了环境控制和资源性能控制，最后再次强调所有这些信息都需要保存记录。

思考与练习

1. 资源控制的目的是什么？一般在哪些方面进行控制？
2. 为什么库存控制很重要？
3. 维护资源设施的目标是什么？分为哪几种维护方式？
4. 环境控制包括哪些方面的内容？为什么要进行控制？
5. 有哪些资源性能指标可用于进行资源性能控制？

大 作 业

指导：

在这里，你要把前面所有练习中的信息结合到一起，针对你的工作领域，制订出一个改进资源管理的计划。

回顾你学习过的内容，从计划、组织、控制的角度审核你当前管理资源的方法，并确定需要改进的各个方面，拟出一份可行的改进报告，并且请你的上级主管经理过目。你可以使用下面的表格来帮助你做这个报告。

资源管理改进报告

需要改进的方面		改进意见
资源计划	需求预测	
	制订资源计划	
	协调资源需求	
	选择供应商	
资源管理	采购流程	
	库存管理	
	调度	
	调度方法	
资源控制	库存控制	
	维护设施	
	环境控制	
	资源性能控制	
	记录保存	

总结：

当你完成报告之后，把它呈交给你的主管经理，请他审阅，同时你需要证明提出的每一条关于增加收益、降低成本的建议都是正确的。通过做这个大作业，你可以对企业资源管理的一些方面做出改进，同时可以提高自己管理资源的能力。

单元测试

一、单选题

1. 小王开了一家百货公司，顾客在买东西的时候可以货比三家，商家可以免费使用库房存储货物。对这家百货公司来说，没有涉及的资源的转化过程是（　　）。

A. 信息过程　　B. 物理过程　　C. 存储过程　　D. 交易过程

2. 近十年来中国电影产业发展迅速，大量电影投资公司如雨后春笋般涌现，现在电影产业存在一个奇怪的现象，有的大公司例如华谊兄弟，它们在某部电影中投入巨资，但票房平平；但某些小的电影公司花费很少却取得了很好的回报，下面不能说明该现象的是（　　）。

A. 优质资源一定会收到好的效益　　B. 有效的资源管理非常重要

C. 市场资源不是无限的　　D. 管理资源时优先保障急需的资源

3. 中国人寿保险公司长期的销售记录表明，其保单的销售量每年增长 6%，假设该公司 2015 年卖出 15 000 张保单，员工小王想要预测 2016 年的销量，他采用的方法是 15 000×1.06=15 900（张）。小王采用的预测资源需求的方法是（　　）。

A. 周期分析法　　B. 前导指数法　　C. 趋势分析法　　D. 随机事件分析法

4. 李静是某购物中心的采购经理，她主要负责筛选购物中心的供应商，由于她所在的购物中心是比较高档的，因此她在选择供应商有很高的标准，下面哪项一定不是她选择时的产品标准（　　）。

A. 质量　　B. 价格　　C. 财务稳定性　　D. 范围

5. 企业资源计划（ERP）作为一种新型的管理模式，应用功能强大，下面哪项不是它的应用功能（　　）。

A. 是先进的信息管理平台　　B. 能规范高层管理

C. 有利于整合企业各种资源　　D. 有利于提高资源运作效率

6. 下列说法中正确的是（　　）。

A. 任何一个企业具备的资源都是一样的

B. 资源可以分为主要资源和次要资源，企业中的人力资源部门是次要的资源部门，因此，为了减少费用，可以不设这个部门

C. 存货必须以实物的形式存在，其他的形式都是不可以的

D. 现代化的自动存货控制系统是把采购、库存、生产和配送串起来的过程，形成一个严密的供应链

二、案例分析

某企业是一家生产重型机械的厂家，为了减少生产线，该企业将其中一些小的零件、配件通过购买外部企业的产品或以外包的形式让其他厂家来生产。几年以来，该企业的生产销售一直很正常。今年，为了提高销售额，企业的销售策划部门做了一个市场推广的计划，在全国范围推广。

但是生产部门没有想到的是，广告所引发的效应使得订单从全国各地纷至沓来，工人们加班加点工作还是忙不过来。这时，由于企业仍然采用传统的采购系统，导致资源供应缓慢，库存原料已经用完，车间某些生产程序只能停产。同时，企业外包的业务需求也突然猛增，本身所需资源不能及时满足供应。这样，整个生产陷入了混乱，预期的销售额度也无法达到，企业管理人员陷入了僵局。

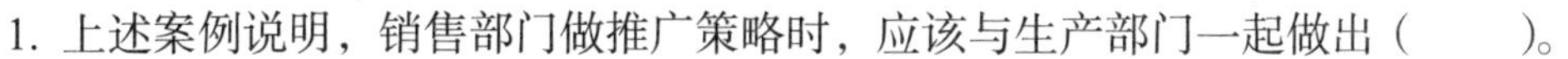

1. 上述案例说明，销售部门做推广策略时，应该与生产部门一起做出（　　）。

A. 需求预测　　B. 销售策略　　C. 供应商确定　　D. 调度计划

2. 上述案例中，企业在采购资源的时候采取的是（　　）方式。

A. 单个来源　　B. 多个来源　　C. 关系采购　　D. 竞标

3. 上述案例说明，企业最初在（　　）环节没有做好。

A. 资源计划　　B. 资源组织　　C. 资源控制　　D. 资源评估

4. 如果你是该企业的领导，在市场推广之前，你应该做的是（　　）。

A. 根据调查做出市场需求预测　　B. 与供应商进行协调

C. 与企业的采购队伍沟通协调　　D. 以上答案都对